85 Essens-und Saftrezepte um deinen Bluthochdruck zu senken:

Löse deine Hypertonie-Probleme in 12 Tagen oder weniger!

von

Joseph Correa

Zertifizierter Sport-Ernährungsberater

COPYRIGHT

© 2016 Finibi Inc

Die Vervielfältigung und Übersetzung von Teilen dieses Werkes, mit Ausnahme zum in Paragraph 107 oder 108 des United States Copyright Gesetzes von 1976 dargelegten Zwecke, ist ohne die Erlaubnis des Copyright-Inhabers gesetzeswidrig.

Diese Veröffentlichung dient dazu fehlerfreie und zuverlässige Informationen zu dem auf dem Cover abgedruckten Thema zu liefern. Es wird mit der Einstellung verkauft, dass weder der Autor noch der Herausgeber befähigt sind, medizinische Ratschläge zu erteilen. Wenn medizinischer Rat oder Beistand notwendig sind, konsultieren Sie einen Arzt. Dieses Buch ist als Ratgeber konzipiert und sollte in keinster Weise zum Nachteil Ihrer Gesundheit gereichen. Konsultieren Sie einen Arzt, bevor Sie mit diesem Ernährungsplan beginnen, um zu gewährleisten, dass er das Richtige für Sie ist.

DANKSAGUNG

Die Fertigstellung und den Erfolg dieses Buches wäre nicht ohne die Motivation und die Unterstützung meiner ganzen Familie möglich gewesen.

85 Essens-und Saftrezepte um deinen Bluthochdruck zu senken:

Löse deine Hypertonie-Probleme in 12 Tagen oder weniger!

von

Joseph Correa

Zertifizierter Sport-Ernährungsberater

INHALT

Copyright

Danksagung

Über den Autor

Einleitung

Was ist Bluthochdruck?

Wie geht man mit Bluthochdruck um?

Kalender um deinen Blutdruck zu senken

Essensrezepte um den Blutdruck zu senken

Saftrezepte um den Blutdruck zu senken

Andere großartige Werke des Autors

ÜBER DEN AUTOR

Als zertifizierter Sport-Ernährungsberater und professioneller Sportler glaube ich an den positiven Effekt, den die richtige Ernährung auf Körper und Geist haben wird. Mein Wissen und meine Erfahrung haben mir geholfen, über die Jahre hinweg gesünder zu leben. Dieses Wissen habe ich zudem mit meiner Familie und Freunden geteilt. Je mehr du über gesunden Essen und Trinken weißt, desto schneller wirst du dein Leben und deine Ess-Gewohnheiten ändern wollen.

Ernährung ist der Schlüssel im Prozess gesünder und länger zu leben. Beginne also noch heute damit.

EINLEITUNG

85 Essens-und Saftrezepte um deinen Bluthochdruck zu senken werden dir helfen, deinen Blutdruck auf natürliche Weise besser und schneller zu kontrollieren. Hypertonie ist ein ernsthaftes Gesundheitsrisiko, das mit Übung und gesunder Ernährung in den Griff zu bekommen ist. Diese ersetzen keine Mahlzeit, aber vervollständigen deinen täglichen Essensplan.

Zu beschäftigt zu sein um richtig zu essen kann manchmal ein Problem werden. Darum wird das Buch dir Zeit sparen und deinen Körper ernähren, damit du die Ziele erreichst, die du erreichen möchtest.

Dieses Buch wird dir helfen:

-Deinen Bluthochdruck zu kontrollieren.

-Einen schnelleren Erfolg beim Senken des Blutdrucks zu erzielen, indem du Gerichte und Säfte zu dir nimmst.

-Fett zu reduzieren.

-Dein Blut zu reinigen.

-Mehr Energie zu haben.

-Deinen Stoffwechsel auf natürliche Weise zu beschleunigen um abzunehmen.

-Dein Verdauungssystem zu verbessern.

Joseph Correa ist ein zertifizierter Sport-Ernährungsberater und ein professioneller Sportler.

WAS IST BLUTHOCHDRUCK?

Blutdruck ist die Kraft des Blutes, die gegen die Arterienwände drückt. Unter normalen Bedingungen steigt und fällt der Blutdruck während des Tages. Wenn er jedoch über längere Zeit hinweg erhöht ist, bezeichnet man das als Bluthochdruck.

Der medizinische Fachausdruck für Bluthochdruck ist Hypertonie. Ein Blutdruck über 140/90 mmHg zählt zur Kategorie Bluthochdruck, während einer zwischen 120/80 mmHg und 139/89 mmHg als Prä-Hypertonie bezeichnet wird, welcher sich ganz schnell zu einer Hypertonie entwickeln kann, wenn keine Maßnahmen eingeleitet werden. Es gibt diverse Risikofaktoren, die nicht kontrolliert werden könne, wie beispielsweise das Alter (55 oder älter bei Männern und 65 oder älter bei Frauen) oder aber eine frühere Herzerkrankung. Diejenigen, die kontrolliert werden können, sind ein erhöhter Blutdruck, Diabetes, Gewicht, physische Aktivität, Cholesterin und Tabakkonsum. Dieses sind die Risikofaktoren, die durch Behandlung oder Änderung des Lebensstils beeinflusst werden können.

WIE GEHT MAN MIT BLUTHOCHDRUCK UM?

Da Bluthochdruck zu Arteriosklerose, Herzerkrankungen, Schlaganfall, Nieren-erkrankung und Blindheit führt, ist es unerlässlich ihn erfolgreich durch Medikamente und Änderung des Lebensstils zu bekämpfen.

Eine ausgewogene Ernährung zu haben, ist wichtig, um Bluthochdruck zu behandeln. Sie hilft dir, Gewicht zu verlieren oder ein gesundes Gewicht beizubehalten, die Mineralien und Vitamine zu bekommen, die dein Körper braucht, und deinen Bluthochdruck zu senken.

Was sollst du also essen? Essen, das nur wenig gesättigte Fette und Cholesterol enthält, sollte eine Priorität sein. Bekomme deine gesunden Fette mit Fisch wie Lachs, Nüssen und Olivenöl. Stell sicher, dass deine Mahlzeiten Weizenvoll-korn, Geflügel, Fisch, Nüssen und fettarme Milch beinhalten. Schrecke vor zuckerhaltigen Getränken, Süßigkeiten und fetthaltigem, rotem Fleisch zurück.

Ein wichtiger Teil einer gesunden Ernährung besteht darin, Essen zu wählen, das nur wenige Salze und Natrium enthält. Wenig Natrium zu verwenden ist essentiell, um den Blutdruck auf ein gesundes Level zu senken. Für jemanden, der seinen Blutdruck durch Medikamente reguliert, beträgt die empfohlene Tagesration an Tafelsalz 6 gramm (etwa einen Teelöffel). Du musst also Salz nicht komplett aus deiner Ernährung streichen, aber stell sicher es soweit wie möglich zu reduzieren. Gib deinem Essen Geschmack, indem du mit Gewürzen und Kräutern experimentierst.

Probiere die folgenden Rezepte aus und genieße den Essensplan, der deinen Blutdruck in Balance halten wird.

85 Essens-und Saftrezepte um deinen Bluthochdruck zu senken

KALENDER UM DEINEM BLUTDRUCK ZU SENKEN

Woche 1:

Tag 1:

Zitrone-Heidelbeer-Pfannkuchen

Snack: Smoothie

Geröstete Hühnchen-Schenkel mit Rosmarin

Snack: Tasse Popcorn

Bohne mit Aubergine

Tag 2:

Omelette mit Feta und halbgetrockneter Tomate

Snack: Studentenfutter

Rindergeschmortes

Snack: Heidelberg-Joghurt

Scharfe Spaghetti

Tag 3:

Bananenbrot

Snack: Avocado auf Toast

Ratatouille-Hühnchen

Snack: Apfelchips

Grüne Bohnen und Maisküchlein

Tag 4:

Avocado und Pute auf Toast

Snack: Energie-Nuggets

Minestrone

Snack: Gegrillter Spargel

Birne-Blaukäse-Salat

Tag 5:

Müsliriegel

Snack: Sojamilch-Smoothie

Curry-Hühnchen mit Erdnussbutter

Snack: Zimtorangen

Gemüse-Tagine

Tag 6:

Spargel und weich gekochtes Ei

Snack: getrockneter Aprikose-Riegel

Salat mit Lachs und braunem Reis

Snack: Apfel und Erdnussbutter

Scharfe Quinoa

Tag 7:

Frühstück-Smoothie

Snack: Geröstete Kichererbsen

Rinderpastete

Snack: Griechischer Joghurt mit Erdbeeren

Rosmarin-Risotto

Woche 2:

Tag 1:

Gebackte Eier mit Gemüse

Snack: Tasse Popcorn

Spaghetti mit Sardinen

Snack: Smoothie

Grapefruit-Salat

Tag 2:

Cremiger Maisbrei

Snack: Heidelbeer-Joghurt

Gedünsteter Barsch mit Kohl

Snack: Studentenfutter

Spinat-Tofu-Cannelloni

Tag 3:

Senf-Pilze auf Toast

Snack: Apfelchips

Hühnchen-Salat

Snack: Avocado auf Toast

Gebackener Maisbrei

Tag 4:

Früchte-Muffins

Snack: Gegrillter Spargel

Lachs und Spinat

Snack: Energie-Nuggets

Kürbis-Linsen-Salat

Tag 5:

Omelette mit Feta und halbgetrockneten Tomaten

Snack: Zimtorangen

Thunfisch-Salat

Snack: Sojamilch-Smoothie

Gemüsekuchen

Tag 6:

Zitronen-Heidelbeer-Pfannkuchen

Apfel und Erdnussbutter

Rindergeschmortes

Snack: getrockneter Aprikose-Riegel

Scharfe Spaghetti

Tag 7:

Avocado und Pute auf Toast

Snack: Griechischer Joghurt mit Erdbeeren

Geröstete Hühnchen-Schenkel mit Rosmarin

Snack: Geröstete Kichererbsen

Grüne Bohnen und Maisküchlein

Woche 3:

Tag 1:

Bananenbrot

Snack: Smoothie

Hühnchen-Salat

Snack: Studentenfutter

Grapefruit-Salat

Tag 2:

Spargel und weich gekochtes Ei

Snack: Tasse Popcorn

Minestrone

Snack: Heidelbeer-Joghurt

Bohne mit Aubergine

Tag 3:

Müsliriegel

Snack: Apfelchips

Ratatouille-Hühnchen

Snack: Gegrillter Spargel

Birne-Blaukäse-Salat

Tag 4:

Gebackte Eier mit Gemüse

Snack: Avocado auf Toast

Salat mit Lachs und braunem Reis

Snack: Energie-Nuggets

Gemüse-Tagine

Tag 5:

Frühstück-Smoothie

Snack: Zimtorangen

Curry-Hühnchen mit Erdnussbutter

Snack: getrockneter Aprikose-Riegel

Scharfe Quinoa

Tag 6:

Senf-Pilze auf Toast

Snack: Sojamilch-Smoothie

Spaghetti mit Sardinen

Snack: Apfel und Erdnussbutter

Gebackener Maisbrei

Tag 7:

Cremiger Maisbrei

Snack: Griechischer Joghurt mit Erdbeeren

Rinderpastete

Snack: Tasse Popcorn

Grapefruit-Salat

Woche 4:

Tag 1:

Früchte-Muffins

Snack: Geröstete Kichererbsen

Hühnchen-Salat

Snack: Smoothie

Rosmarin-Risotto

Tag 2:

Omelette mit Feta und halbgetrocknete Tomaten

Snack: Studentenfutter

Gedünsteter Barsch mit Kohl

Snack: Heidelbeer-Joghurt

Kürbis-Linsen-Salat

Tag 3:

Zitronen-Heidelbeer-Pfannkuchen

Snack: Avocado auf Toast

Thunfisch-Salat

Snack: Apfelchips

Spinat-Tofu-Cannelloni

Tag 4:

Spargel und weich gekochtes Ei

Snack: Energie-Nuggets

Lachs und Spinat

Snack: Gegrillter Spargel

Scharfe Spaghetti

Tag 5:

Bananenbrot

Snack: Zimtorangen

Geröstete Hühnchen-Schenkel mit Rosmarin

Snack: Apfel und Erdnussbutter

Gemüse-Tagine

Tag 6:

Avocado und Pute auf Toast

Snack: Sojamilch-Smoothie

Salat mit Lachs und braunem Reis

Snack: getrockneter Aprikose-Riegel

Gebackter Maisbrei

Tag 7:

Cremiger Maisbrei

Snack: Tasse Popcorn

Rindergeschmortes

Snack: Heidelbeer-Joghurt

Birne-Blaukäse-Salat

2 zusätzliche Tage für einen vollen Monat

Tag 1:

Gebackte Eier mit Gemüse

Snack: Geröstete Kichererbsen

Gedünsteter Barsch mit Kohl

Snack: Griechischer Joghurt mit Erdbeeren

Gemüsekuchen

Tag 2:

Frühstück-Smoothie

Snack: Gegrillter Spargel

Hühnchen-Salat

Snack: Apfel und Erdnussbutter

Scharfe Quinoa

ESSENSREZEPTE UM DEINEN BLUTDRUCK ZU SENKEN

FRÜHSTÜCK

1.   Zitrone-Heidelbeer-Pfannkuchen

Gönne dir einen frisch-zubereiteten Pfannkuchen-Stapel, der dir einen guten Start in den Tag verschafft. Vervollständige den pikanten Beeren-Geschmack mit einem Löffel fettreduzierten Joghurt und einem Spritzer Zimt.

Zutaten (7 Pfannkuchen):

100g Vollkornmehl

100ml Milch

1 kleines Ei

40g Heidelbeeren

Schale von ½ Zitrone

½ Teelöffel Weinstein-Backpulver

¼ Teelöffel Backsoda

½ Teelöffel gelber Sirup

Butter zum Kochen

Zubereitungszeit: 10 min

Kochzeit: 10 min

Zubereitung:

Vermische das Mehl, das Weinstein-Backpulver und den Backsoda mit einer Gabe. Tropfe den goldenen Sirup zusammen mit der Zitronenschale und den Heidelbeeren auf die Zutaten

Schütte die Milch in eine Tasse, breche das Ei darüber und mische alles mit einer Gabel. Gib das meiste der Milch-Mischung in die Schüssel mit der Mehl-Mischung. Rühre alles gut mit einem Gummispatel um. Gib mehr Milch dazu, bis du einen dickflüssigen, geschmeidigen Teig erhältst.

Erhitze die Bratpfanne und gib etwas Butter und anschließend den Teig esslöffelweise dazu. Wenn Blasen auf dem Pfannkuchen erscheinen, drehe ihn mit einem Pfannkuchenwender um. Koche ihn bis er braun wird.

Halte die Pfannkuchen warm, bis der Teig aufgebraucht ist und serviere sie.

Nährwert pro Pfannkuchen: 69kcal, 2g Proteine, 12g Kohlenhydrate (1g Ballaststoffe, 2g Zucker), 1g Fett (1g gesättigt), 0,1g Salz.

2. Senf-Pilze auf Toast

Reich an Nährstoffen, insbesondere Vitamin C, braucht dieses gesunde, gemüsehaltige Frühstück nur 10 Minuten um es zuzubereiten. Das Essen kann mithilfe einer auf Streichkäse basierenden, nach Senf schmeckenden Sauce verfeinert werden.

Zutaten (2 Portionen):

6 Handvoll kleiner, flacher Pilze, geschnitten

3 Esslöffel leichter Streichkäse

4 Esslöffel leichte Milch

2 Esslöffel Rapsöl

2 Esslöffel Schnittlauch, geschnippelt

½ Esslöffel Vollkorn-Senf

2 Scheiben Vollkornbrot

300ml Orangensaft, frisch gepresst

Zubereitungszeit: 5 min

Kochzeit: 5 min

Zubereitung:

Toaste das Brot und streiche etwas Käse darauf.

Erhitze das Öl in einer teflonbeschichteten Pfanne und koche die Pilze, rühre dabei ständig um. Wenn die Pilze weich sind, gib die Milch, den Senf und den restlichen Käse dazu und rühre alles um bis die Pilze gut bedeckt sind.

Streiche die Pilz-Mischung auf ein Toast, garniere es mit Schnittlauch und serviere es mit Saft.

Nährwert pro Portion: 231kcal, 13g Proteine, 28g Kohlenhydrate (4g Ballaststoffe, 16g Mineralien), 7g Fett (2g gesättigt), 0,1g Salz, 10% Calcium, 10% Eisen, 12% Magnesium, 140% Vitamin C, 14% Vitamin E, 17% Vitamin K, 24% Vitamin B1, 63% Vitamin B2, 49% Vitamin B3, 18% Vitamin B6, 20% Vitamin B9.

3. Bananenbrot

Dieses gesunde Bananenbrot enthält nur wenig Fett und ist reich an Energie liefernden Kohlenhydraten. Daher ist es die perfekte Wahl als Frühstück. Serviere dazu ein Glas Milch und füge damit Knochen stärkendes Calcium deinem Speiseplan zu.

Zutaten (10 Scheiben):

100g Mehl mit Backpulverzusatz

140g Vollkornmehl

300g überreife Bananen, zerkleinert

3 große Eier, geschlagen

150g fettreduzierten Naturjoghurt

4 Esslöffel Agavensirup

1 Teelöffel Backpulver

1 Teelöffel Weinstein-Backpulver

Eine Prise Salz

Fettreduzierte Margarine, für die Backform

Zubereitungszeit: 20 min

Kochzeit: 1h und 15 min

Zubereitung:

Heize den Backofen auf 140°C Umluft/Gas 3. Fette die Backform ein und lege sie mit Backpapier aus (bis 2 cm unterhalb des Randes).

Vermische das Mehl, das Backpulver, das Weinstein-Backpulver und die Prise Salz in einer großen Schüssel.

Vermenge die Bananen, die Eier, den Joghurt und den Sirup und rühre alles in die trockenen Zutaten ein. Schabe den Teig vorsichtig in die Backform. Backe alles 1h und 15 min oder bis du eine Gabel sauber aus dem Teig ziehen kannst.

Schneide das Bananenbrot auf und serviere es warm oder bei Raumtemperatur.

Nährwert pro Scheibe: 145kcal, 6g Proteine, 24g Kohlenhydrate (3g Ballaststoffe, 9g Zucker), 2g Fette (1g gesättigt), 0,6g Salz, 11% Vitamin B1, 13% Vitamin B9.

4. Spargel und weich gekochtes Ei

Ein schnelles Frühstück mit einem Vitamin K Kick, der voller sättigender Proteine steckt und nur wenig gesättigte Fette enthält. Serviere alles mit einer Scheibe Vollkorntoast, um einen zusätzlichen Energieschub zu erhalten.

Zutaten (2 Portionen):

2 Eier

10 Spargelspitzen

25g getrocknete Brotkrumen

1 Teelöffel Olivenöl

Eine Prise Chili

Etwas Paprika

Eine Prise Meersalz

Zubereitungszeit: 10 min

Kochzeit: 10 min

Zubereitung:

Erhitze das Öl in einer teflonbeschichteten Pfanne, füge die Brotkrumen dazu und frittiere alles, bis es knusprig und goldbraun ist. Würze mit Meersalz und den restlichen Gewürzen und lass es dann abkühlen.

Koche den Spargel in einem großen, mit kochendem Wasser gefüllten Kochtopf bis er weich ist. Lass zur gleichen Zeit die Eier 4 Minuten kochen.

Gib jedes Ei in einen Eierbecker, verteile den Spargel zwischen 2 Teller auf, bestreue sie mit Brotkrumen und serviere alles.

Nährwert pro Portion: 186kcal, 12g Proteine, 12g Kohlenhydrate (2g Ballaststoffe, 3g Zucker), 10g Fette (2g gesättigt), 0,75g Salz, 18% Eisen, 14% Vitamin A, 41% Vitamin K, 28% Vitamin B1, 20% Vitamin B2, 15% Vitamin B3, 18% Vitamin B9, 10% Vitamin B12.

5. Frühstück-Smoothie

Versuche einen Früchte-Smoothie ganz früh am Morgen, wenn du dein Energielevel ankurbeln und außerdem viele Vitamine zu dir nehmen willst. Die Mango-Maracuja-Kombination hält einen exotischen und vollendeten Geschmack für dich bereit.

Zutaten (2 Portionen):

1 Banane, zerkleinert

1 kleine Mango, zerkleinert

3 Maracujas

300ml Orangensaft, frisch gepresst

Eiswürfel

Zubereitungszeit: 5 min

Keine Kochzeit

Zubereitung:

Löffel das Fruchtfleisch der Maracujas in eine Küchenmaschine, gib die Mango, den Orangensaft sowie die Banane dazu und mixe alles, bis es geschmeidig ist.

Schenke den Saft in 2 Gläser ein und serviere ihn direkt, nachdem du ihn mit Eiswürfel garniert hast.

Nährwert pro Portion: 175kcal, 3g Proteine, 39g Kohlenhydrate (4g Ballaststoffe, 30g Zucker), 0,05g Salz, 12% Magnesium, 30% Vitamin C, 14% Vitamin B1, 10% Vitamin B2, 22% Vitamin B6, 20% Vitamin B9.

6. Müsliriegel

Probiere einen Müsliriegel, wenn du morgens in Eile bist und etwas Kleines vor der Arbeit zu dir nehmen musst. Mit 30g Kohlenhydraten werden deine Energiebedürfnisse sicherlich nicht zu kurz kommen und deine Geschmacksnerven werden den Nüsse-Früchte-Samen-Mix genießen.

Zutaten (6 Riegel):

100g Haferflocken

50g Butter, und zusätzlich zum Einfetten

50g Sonnenblumenkerne

25g Walnüsse, gehackt

25g Sesamkerne

50g getrocknete Cranberrys

50g Zucker

1 ½ Esslöffel Honig

½ Teelöffel Zimt

Zubereitungszeit: 15 min

Kochzeit: 35 min

Zubereitung:

Heize den Backofen auf 140°C Umluft/Gas 4. Fette eine Backform ein und lege sie mit Backpapier aus.

Vermische die Haferflocken, die Nüsse und die Kerne in einer Bratpfanne und stell sie dann 5 Minuten in den Ofen.

Erwärme die Butter, den Zucker und den Honig in einer Pfanne, rühre alles um, bis die Butter geschmolzen ist. Gib die Haferflocken-Mischung, die getrockneten Cranberrys und den Zimt dazu und rühre alles um, bis die Haferflocken bedeckt sind. Fülle alles in die Backform, presse den Teig auf dem Boden an und backe ihn 30 Minuten.

Lass die Mischung in der Bratform auskühlen, schneide sie in 6 Riegel und serviere sie.

Nährwert pro Riegel: 294kcal, 30g Kohlenhydrate (3g Ballaststoffe, 17g Zucker), 17g Fette (6g gesättigt), 0,15g Salz, 10% Eise, 15% Vitamin E, 15% Vitamin B1.

7. Gebackte Eier mit Gemüse

Spinat ist bekannt für seinen hohen Gehalt an Vitamin K und außerdem zusammen mit einem Ei und einigen Tomaten eine großartige Wahl zum Frühstück. Verwende mehr Chili-Flocken um extra Schärfe zu erhalten.

Zutaten (2 Portionen):

Knuspriges Brot

2 Eier

200g Tomaten, zerkleinert

50g Spinat

½ Teelöffel Chili-Flakes

Zubereitungszeit: 5 min

Kochzeit: 15 min

Zubereitung:

Heize den Ofen auf 180°C Umluft/Gas 6. Lass die Spinatblätter zusammenfallen, presse dann das überschüssige Wasser aus und verteile den Spinat auf 2 kleine, Backofen geeignete Teller.

Vermische die Tomaten mit Chili-Flakes sowie einigen passenden Gewürzen und gib es auf die Teller. Forme eine kleine Mulde in die Mitte eines jeden Tellers und breche ein Ei darin. Backe das Ganze 15 Minuten und serviere es.

Nährwert pro Portion: 114kcal, 9g Proteine, 3g Kohlenhydrate (2g Ballaststoffe, 1g Zucker), 7g Fette (2g gesättigt), 0,45g Salz, 71% Vitamin A, 33% Vitamin C, 150% Vitamin K, 15% Vitamin B2, 21% Vitamin B9.

8. Cremiger Maisbrei

Verschönere einen entspannenden Morgen mit diesem gesunden und cremigen Maisbrei. Ersetze das Vanilleextrakt mit etwas Zimt, um das Ganze zu würzen und dem nach Apfel schmeckenden Gericht eine neue Wendung zu verleihen.

Zutaten (3 Portionen):

100g Haferflocken

100g frische Cranberrys

500ml Vollmilch

1 ½ Apfel, geschnitten

2 ½ brauner Kristallzucker

½ Teelöffel Vanilleextrakt

Zubereitungszeit: 5 min

Kochzeit: 15 min

Zubereitung:

Koche die Äpfel in einer Pfanne mit 50ml Wasser, bis sie fast weich sind. Erhöhe die Hitze und gib die Cranberrys und die Hälfte des Zuckers hinzu. Lass alles aufkochen.

Füge die Haferflocken, die Milch, die Vanille und den verbleibenden Zucker in eine Saucenpfanne. Bring alles zum Kochen, während du ständig umrührst, und lass es 5 Minuten köcheln, bis die Masse cremig wird. Verteile das Ganze auf 3 Schüsseln, garniere es mit einer Mischung aus Früchten und serviere es.

Nährwert pro Portion: 359kcal, 12g Proteine, 53g Kohlenhydrate (5g Ballaststoffe, 34g Zucker), 9g Fette (5g gesättigt), 0,2g Salz, 21% Calcium, 16% Magnesium, 13% Vitamin C, 23% Vitamin B1, 22% Vitamin B2, 12% Vitamin B12.

9. Früchte-Muffins

Diese Muffins gelangen aufgrund des Geschmacks der frischen und getrockneten Früchte zu ihrem Namen. Selbst wenn sie für 2 Wochen eingefroren werden, behalten sie ihren Geschmack bei. Serviere sie mit einer Tasse Mandelmilch um eine „nussigere" Erfahrung zu machen.

Zutaten (6 Muffins):

110g Vollkornmehl

1 großes Ei

25g Butter, geschmolzen

90ml leichte Milch

1 Teelöffel Backpulver

50 ml klarer Honig

70g getrocknete Aprikosen, zerkleinert

70g Rosinen

40g getrocknete Cranberrys

70g frische Heidelbeeren

½ Teelöffel Zimt

½ Teelöffel Orangenschale, gerieben

Zubereitungszeit: 10 min

Kochzeit: 25 min

Zubereitung:

Heize den Backofen auf 200°C Umluft/Gas 6 vor. Fette eine 6er Muffinform leicht ein.

Gib das Mehl und das Backpulver in eine Schüssel. Schlag in einer anderen Schüssel die Eier, rühre dann die geschmolzene Butter, den Honig und die Milch unter. Füge das Mehl dazu und rühre erneut, ohne dass die Mischung flüssig wird. Löffel die Mischung in die Muffinform und backe das Ganze 20 bis 25 Minuten, bis die Muffins gewachsen sind und oben goldbraun sind.

Lass sie einige Minuten auskühlen, bevor du sie servierst.

Nährwert pro Muffin: 243kcal, 5g Proteine, 41g Kohlenhydrate (2g Ballaststoffe, 10g Zucker), 8g Fette (3g gesättigt), 0,6g Salz, 13% Vitamin A, 11% Vitamin B1, 10% Vitamin B9.

10. Avocado und Pute auf Toast

Du kannst kein Frühstück verpassen, das Avocado enthält. Kombiniere die gesunden Fette der Avocado mit einer proteinhaltigen Pute und genieße ein Gericht, das geschmeidig ist, sowie eine knusprige Scheibe Ciabatta.

Zutaten (2 Portionen):

1 mittlere Avocado, halbiert und entkernt

2 kleine Scheiben Ciabatta

100g Putenschinken in Scheiben

Saft von ½ Limette

Zubereitungszeit: 10 min

Kochzeit: 5 min

Zubereitung:

Kratze das Fruchtfleisch der Avocado in eine Schüssel, zerdrücke die Limette, würze alles und vermische es grob mit einer Gabel.

Toaste das Ciabatta, bestreiche es mit der Avocado, garniere alles mit dem Putenschinken und serviere es.

Nährwert pro Portion: 208kcal, 15g Proteine, 12g Kohlenhydrate (2g Ballaststoffe, 1g Zucker), 11g Fette (2g gesättigt), 1,3g Salz, 16% Vitamin C, 10% Vitamin E, 26% Vitamin K, 13% Vitamin B6, 20% Vitamin B9.

11. Omelette mit Feta halbgetrockneten Tomaten

Ein wirklich schnelles, einfaches und kalorienarmes Rezept, das dir den perfekten Start in einen produktiven Tag sichert. Verwende für einen intensiveren Geschmack Tomaten, die in einer Mischung aus Öl und italienischen Kräutern eingelegt wurden.

Zutaten (2 Portionen):

4 Eier, leicht geschlagen

50g Feta-Käse, zerbröselt

8 halbgetrocknete Tomaten, grob zerkleinert

1 Esslöffel Olivenöl

Gemischte Salatblätter, zum Garnieren

Zubereitungszeit: 5 min

Kochzeit: 5 min

Zubereitung:

Erhitze das Öl in einer kleinen, teflonbe-schichteten Bratpfanne, gib die Eier dazu und lass alles kochen. Rühre gelegentlich mit einem Holzlöffel um. Wenn die Eier etwas in der Mitte zerlaufen sind, füge die Tomaten und den Feta dazu, falte anschließend die Omelette in der Mitte. Koche alles 1 Minute und schiebe es dann auf einen Teller. Schneide es in der Mitte durch, verteile es auf 2 Teller und serviere die fertige Omelette.

Nährwert pro Portion: 300kcal, 18g Proteine, 20g Fette (7 gesättigt), 5g Kohlenhydrate (1g Ballaststoffe, 4g Zucker), 1,8g Salz, 15% Calcium, 22% Vitamin D, 20% Vitamin A, 15% Vitamin C, 25% Vitamin B12.

MITTAGESSEN

12. Geröstete Hühnchen-Schenkel mit Rosmarin

Ein proteinreiches, leckeres Gericht mit Kartoffeln, das sowohl zitronenhaltige Kochsäfte als auch eine Auswahl an Zutaten bereit hält, die ein großes Spektrum an Vitaminen und Mineralien abdecken.

Zutaten (2 Portionen):

4 Hühnchen-Schenkel

250g neue Kartoffeln, halbiert

1 großer Bund Spargel, holzige Ende entfernt

½ Knoblauchknolle, in Zehen getrennt

½ Zitrone

1 Teelöffel Olivenöl

Eine kleine Handvoll Rosmarinzweige

Eine Prise Salz

Grob gemahlener, schwarzer Pfeffer

Zubereitungszeit: 10 min

Kochzeit: 45min

Zubereitung:

Heize den Ofen auf 180°C Umluft/Gas 6. Gib die Kartoffeln, den Spargel, die Knoblauchzehen, die Gewürze (nach Geschmack) und das Öl in eine große Bratpfanne. Drücke die Zitrone über der Pfanne aus und schneide sie in Stücke, die du ebenfalls dazu gibst. Decke die Pfanne dann mit Folie ab und brate alles ungefähr 15 Minuten.

Entferne die Folie, gib die Hühnchen-Schenkel, die mit einer Prise Salz und viel Pfeffer gewürzt sind, dazu und brate es wieder 30 Minuten. Wenn das Hühnchen knusprig und durch gekocht ist sowie die Kartoffeln weich sind, verteile alles auf 2 Teller und serviere es.

Nährwert pro Portion: 509kcal, 30g Proteine, 32g Kohlenhydrate (6g Ballaststoffe, 5g Zucker), 24g Fette (6g gesättigt), 0,3g Salz, 14% Eisen, 14% Magnesium, 48% Vitamin A, 25% Vitamin K, 15% Vitamin B1, 15% Vitamin B2, 34% Vitamin B3, 35% Vitamin B6, 12% Vitamin B9.

13. Rinderpastete

Dieses fein gehackte Rindfleischgericht mit einem geringen Anteil an Fetten und einem hohen Anteil an Proteinen ist eine hervorragende Quelle für B12 und wird dich bis zum Abendessen sättigen. Zudem versorgt es dich mit der Energie, die du den ganzen Nachmittag brauchst.

Zutaten (4 Portionen):

500g extra mageres Rinderhack

140g kleine Chestnut Pilze, halbiert

500ml Rinderfond

1 Zwiebel, fein gehackt

140g Mehl mit Backpulverzusatz

4 Esslöffel fettreduzierter Naturjoghurt

2 Esslöffel Mehl

140g gefrorene Erbsen

1 Esslöffel gehackter Thymian

Einige Spritzer Worcestershire-Sauce

Zubereitungszeit: 20 min

Kochzeit: 50 min

Zubereitung:

Heize den Ofen auf 160°C Umluft/Gas 4.

Erhitze eine große, teflonbeschichtete Bratpfanne bei starker Hitze und brate das Rinderhack bis es trocken ist. Rühre gelegentlich um und koche es, bis es braun wird. Füge die Pilze sowie das Mehl dazu, anschließend den Rinderfond und die Worchestershire-Sauce. Lass es köcheln und koche alles 10 Minuten.

Vermische das Mehl mit Backpulverzusatz und den Thymian zusammen in einer Schüssel. Rühre den Joghurt und genug kaltes Wasser unter um den Teig keksartig zu formen. Schneide den Teig auf einer mit etwas Mehl bestreuten Fläche. Die Dicke sollte ungefähr 1,5cm betragen und die Kreise sollten 12x5 cm sein.

Gib die Erbsen zu der fein gehackten Rindermischung und überführe das Ganze in eine Backform. Lege die Kreise oben auf die Mischung und backe sie 25 Minuten bis die Kreise goldbraun und gewachsen sind.

Verteile alles auf 4 Teller und serviere.

Nährwert pro Portion: 349kcal, 35g Proteine, 38g Kohlenhydrate(4g Ballaststoffe, 5g Zucker), 7g Fette (3g gesättigt), 1g Salz, 31% Eisen, 13% Magnesium, 15% Vitamin A, 11% Vitamin C, 12% Vitamin K, 38% Vitamin B1, 38% Vitamin B2, 55% Vitamin B3, 30% Vitamin B6, 31% Vitamin B9, 48% Vitamin B12.

14. Lachs und Spinat

Reich an Omega 3 Fettsäuren und qualitätsvollen Proteinen ist Lachs die perfekte Fischwahl für einen Hauptgang. Kombiniere ihn mit Spinat und verfeinere ihn mit Crème fraîche. Damit erhältst du ein komplett gesundes Mittagessen.

Zutaten (2 Portionen):

2 von Haut befreite Lachsfilets

250g Spinat

2 Esslöffel fettreduzierte Crème fraîche

1 Teelöffel Kapern, entwässert

1 Teelöffel Olivenöl

Saft von ½ Zitrone

2 Esslöffel Petersilie, gehackt

Eine Prise Meersalz

Grob gemahlener, schwarzer Pfeffer

Zubereitungszeit: 5 min

Kochzeit: 12 min

Zubereitung:

Erhitze das Öl in einer Pfanne, würze den Lachs auf beiden Seiten mit etwas Meersalz und Pfeffer und brate ihn dann auf jeder Seite 4 Minuten, bis das Fleisch fleckig wird. Stell ihn auf einem Teller zur Seite.

Gib die Spinatblätter in die heiße Pfanne, mach den Deckel darauf und warte 1 Minute bis sie sich wellen. Löffel den Spinat auf Teller und garniere ihn mit dem Lachs.

Erhitze die Crème fraîche zusammen mit einem Spritzer Zitronensaft leicht in einer Pfanne und füge die Kapern und die Petersilie dazu. Pass auf, dass es nicht kocht. Verteile mit einem Löffel die Sauce über Fisch und Spinat und serviere alles.

Nährwert pro Portion: 321kcal, 32g Proteine, 6g Kohlenhydrate (3g Ballaststoffe, 3g Zucker), 20g Fette (5g gesättigt), 0,8g Salz, 14% Calcium, 25% Eisen, 35% Magnesium, 239% Vitamin A, 58% Vitamin C, 20% Vitamin E, 756% Vitamin K, 24% Vitamin B1, 20% Vitamin B2, 61% Vitamin B3, 26% Vitamin B6, 106% Vitamin B6, 80% Vitamin B12.

15. Ratatouille-Hühnchen

Ein klassisches Hühnchen-Rezept, das qualitätsvolle Proteine und eine Mischung aus Gemüse beinhaltet, die sowohl für den Geschmack als auch für eine ausreichende Menge an Vitaminen und Mineralien sorgen.

Zutaten (2 Portionen):

2 von Haut befreite Hühnerbrüste

½ kleine Aubergine, in Stücke geschnitten

½ Zucchini

1 kleine Zwiebel, in Ringe geschnitten

2 Tomaten, halbiert

1 rote Peperoni, in Stücke geschnitten

2 Esslöffel Olivenöl, und zusätzlich zum Garnieren

Einige Rosmarinzweige

Eine Prise Salz

Grob gemahlener, schwarzer Pfeffer

Zubereitungszeit: 25 min

Kochzeit: 35 min

Zubereitung:

Heize den Ofen auf 200°C Umluft/Gas 6. Lege das ganze Gemüse in eine flache Bratpfanne. Schütte das Olivenöl darüber und benutze deine Hände um die Zutaten damit zu bedecken.

Leg die Hühnerbrüste auf das Gemüse und streue die Rosmarinzweige darüber. Würze alles mit Salz und Pfeffer und lass anschließend etwas Olivenöl darüber träufeln. Backe alles 35 Minuten und serviere dann.

Nährwert pro Portion: 318kcal, 37g Proteine, 13g Kohlenhydrate (4g Ballaststoffe), 14g Fette (2g gesättigt), 0,25g Salz, 11% Eisen, 20% Magnesium, 60% Vitamin A, 177% Vitamin C, 20% Vitamin E, 33% Vitamin K, 16% Vitamin B1, 17% Vitamin B2, 77% Vitamin B3, 57% Vitamin B6, 24% Vitamin B9.

16. Thunfisch-Salat

Schmeckt sowohl warm als auch kalt – dieser Thunfisch-Salat ist eine gute Mittagessen-Wahl. Mit einer hilfreichen Portion an Vitamin B12 wird diese Mahlzeit dein Immunsystem verbessern und gleichzeitig eine Geschmacksexplosion verursachen.

Zutaten (4 Portionen):

160g in Wasser eingelegt Thunfisch-Dose, Wasser abschütten

300g neue Kartoffeln

175g gefrorene Sojabohnen

175g grüne Bohnen, halbiert

Eine Handvoll Rucola-Blätter

Für das Dressing:

2 Esslöffel Olivenöl

1 Esslöffel Rotweinessig

2 Teelöffel Harissa-Pulver

Zubereitungszeit: 10 min

Kochzeit: 15 min

Zubereitung:

Koche die Kartoffeln, bis sie fast weich sind. Gib dann die Bohnen dazu und lass sie erneut 5 Minuten kochen.

Vermische das Harissa und den Essig in einer kleinen Schüssel zusammen mit den Gewürzen, rühre anschließend das Öl unter, bis das Dressing dickflüssig wird.

Schütte das Kartoffelwasser ab, füge das Dressing darüber und lass sie auskühlen.

Gib Thunfischstücke darüber und vermenge alles. Schütte das restliche Dressing dazu und rühre sanft um. Verteile alles auf 4 Schüsseln und serviere jede Portion mit Rucola-Blätter.

Nährwert pro Portion: 211kcal, 15g Proteine, 19g Kohlenhydrate (4g Ballaststoffe, 2g Zucker), 9g Fette (1g gesättigt), 0,15g Salz, 11% Calcium, 25% Eisen, 30% Magnesium, 63% Vitamin C, 37% Vitamin E, 28% Vitamin K, 21% Vitamin B1, 18% Vitamin B2, 64% Vitamin B3, 42% Vitamin B6, 72% Vitamin B9, 38% Vitamin B12.

17. Rindergeschmortes

Es wird wahrscheinlich etwas dauern, bis dieses leckere Rindergeschmorte zubereitet ist, aber die saftige Dicke und der intensive Geschmack sind es definitiv wert. Du kannst auch eine größere Portion machen, die Reste einfrieren und sie wieder auftauen, wenn du für das Mittagessen knapp in der Zeit bist.

Zutaten (4 Portionen):

500g Rinderschmorbraten, in große Stücke geschnitten

1 x 400g Dose gehackte Tomaten

1 Zwiebel, gehackt

200g Dose Butterbohnen, gewaschen und entwässert

1 Teelöffel süße Paprika

1 Teelöffel gemahlener Kümmel

1 Teelöffel Chili-Pulver

1 Esslöffel Weißwein-/Rotweinessig

1 Esslöffel Krümelzucker

Zubereitungszeit: 10 min

Kochzeit: 3 Stunden

Zubereitung:

Heize den Ofen auf 140°C Umluft/Gas 3. Mische das Rind, die Tomaten, die Zwiebel, den Essig, den Zucker und die Gewürze in einer Kasserolle. Leg den Deckel darauf und lass alles 2 ½ Stunden braten. Nimm die Kasserolle aus dem Ofen, gib die Bohnen dazu und backe es erneut 30 Minuten. Lass den Deckel der Kasserolle weg, wenn es zu saftig wird und mach ihn wieder darauf, wenn die Konsistenz gut ist. Nimm sie aus dem Ofen, wenn das Rindfleisch zart ist und serviere das Geschmorte warm.

Nährwert pro Portion: 341kcal, 42g Proteine, 18g Kohlenhydrate (4g Ballaststoffe, 11g Zucker), 12g Fette (5g gesättigt), 0,95g Salz, 23% Eisen, 14% Magnesium, 24% Vitamin C, 10% Vitamin B1, 11% Vitamin B2, 43% Vitamin B3, 40% Vitamin B6, 22% Vitamin B12.

18. Gedünsteter Barsch mit Kohl

Barsch ist ein weiterer Fisch, der vollgepackt ist mit Omega 3 Fettsäuren. Zusammen mit grünem Kohl als Beilage, der viele Vitamine liefert, ist der Fisch eine hervorragende und wohlschmeckende Option für das Mittagessen.

Zutaten (2 Portionen):

2 Seebarsch-Filets

300g grüner Kohl, fein gehackt

1 roter Chili, entkernt und fein gehackt

2 Knoblauchzehen, dünn geschnitten

2 Teelöffel Olivenöl

1 Teelöffel frischer Ingwer

1 Teelöffel Sesamöl

2 Teelöffel salzarme Sojasauce

Eine Prise Salz

Zubereitungszeit: 10 min

Kochzeit: 10 min

Zubereitung:

Besprenkele den Fisch mit Ingwer, Chili und Salz. Dünste den Kohl 5 Minuten, leg dann den Fisch auf den Kohl und dünste ihn weitere 5 Minuten.

Erhitze das Öl in einer kleinen Pfanne und brate den Knoblauch bis er leicht braun wird.

Leg den Fisch und den Kohl auf Teller und träufele etwas Sojasauce darauf. Schütte das Knoblauch haltige Öl darüber und serviere das Ganze.

Nährwert pro Portion: 188kcal, 23g Proteine, 11g Kohlenhydrate (4g Ballaststoffe, 7g Zucker), 8g Fette (1g gesättigt), 0,8g Salz, 16% Magnesium, 92% Vitamin C, 147% Vitamin K, 15% Vitamin B1, 12% Vitamin B2, 11% Vitamin B3, 35% Vitamin B6, 13% Vitamin B9.

19. Minestrone

Probiere diese 15-Minuten-Suppe, die dank der Pasta-Komponenten reich an Energie ist. Die Pesto und Parmesan Garnierung sorgt sowohl für Geschmack als auch für Farbe und wird dich nach mehr verlangen lassen.

Zutaten (2 Portionen):

500ml heiße Gemüsebrühe

50g dünne Vollkornspaghetti, in kurze Stücke gebrochen

180g gefrorener Früchte-Mix

200g Dose gehackte Tomaten

2 Esslöffel Pesto

Vegetarischer, parmesanartiger Käse, ungehobelt, gerieben, zum Garnieren

Zubereitungszeit: 5 min

Kochzeit: 10 min

Zubereitung:

Bring die Gemüsebrühe zusammen mit den Tomaten zum Kochen, gib dann die Spaghetti dazu und koche alles, bis sie fertig sind. Einige Minuten bevor die Nudeln gut sind, gibst du das Gemüse dazu und bringst es erneut zum Kochen. Lass es köcheln, bis alles gekocht ist.

Träufele Pesto darauf und bestreu es mit Parmesan, bevor du alles servierst.

Nährwert pro Portion: 200kcal, 8g Proteine, 30g Kohlenhydrate (6g Ballaststoffe, 8g Zucker), 5g Fette, 0,55g Salz, 12% Eisen, 11% Magnesium, 81% Vitamin A, 18% Vitamin C.

20. Hühnchen-Salat

Dieser einfache Hühnchen-Salat ist ein gutes Beispiel für ein schnelles Mittagessen, das sich zum Einpacken und Mitnehmen eignet. Der Geschmack von Gemüse, Hühnchen, Fisch, Öl und Zucker macht es zu einer faszinierenden Palette.

Zutaten (2 Portionen):

2 von Haut befreite Hühnerbrüste

½ rote Zwiebel, dünn geschnitten

½ Gurke, in Streifen geschnitten

200g gemischte Salatblätter

2 Esslöffel Fischsauce

1 Esslöffel Krümelzucker

1 Chili-Peperoni, entkernt und fein gehackt

Schale und Saft von 1 Limette

Große Handvoll Koriander, grob gehackt

Zubereitungszeit: 10 min

Kochzeit: 15 min

Zubereitung:

Bedecke das Hühnchen mit kaltem Wasser, bring es zum Kochen und lass es 10 Minuten köcheln. Wenn das Hühnchen fertig ist, schneide es in Streifen.

Verrühre die Fischsauce, den Zucker, den Limettensaft und die Schale, bis sich der Zucker auflöst.

Verteile die Blätter und den Koriander auf die Teller und garniere sie mit Hühnchen, Zwiebel, Chili-Peperoni und Gurke. Gieße dann das Dressing darüber und serviere den Salat.

Nährwert pro Portion: 218kcal, 38g Proteine, 12g Kohlenhydrate (10g Ballaststoffe, 3g Zucker), 2g Fette, 11% Eisen, 14% Magnesium, 149% Vitamin A, 39% Vitamin C, 232% Vitamin K, 12% Vitamin B1, 12% Vitamin B2, 68% Vitamin B3, 38% Vitamin B6, 13% Vitamin B9.

21. Spaghetti mit Sardinen

Sardinen sind sowohl lecker als auch reich an Vitamin B12. Kombiniert mit den Spaghetti und garniert mit der knoblauchlastigen Tomatensauce, wird hier ein nettes Gleichgewicht aus Vitaminen, Proteinen und energiereichen Kohlenhydraten geschaffen.

Zutaten (2 Portionen):

200g Vollkornspaghetti

95g Dose gehäutete und knochenlose Sardinen in Tomatensauce

1 x 100g Dose gehackte Tomaten

50g entkernte, schwarze Oliven, grob gehackt

1 Knoblauchzehe, zerkleinert

1 Teelöffel Kapern, entwässert

1 Teelöffel Olivenöl

Eine Prise Chili-Flakes

Eine kleine Handvoll Petersilie, gehackt

Zubereitungszeit: 5 min

Kochzeit: 15 min

Zubereitung:

Koche die Spaghetti nach Packungsanweisung.

Erhitze das Öl in einer Pfanne und brate den Knoblauch 1 Minute darin. Gib die Sardinen, die Tomaten und die Chili-Flakes dazu und rühre alles mit einer Gabel um. Koche alles 2-3 Minuten rühre dann die Kapern, die Oliven und den Großteil der Petersilie unter. Vermische alles gut.

Schütte das Nudelwasser ab, hebe einige Esslöffel davon auf. Gib die Nudeln in die Sauce, verrühre alles gründlich und gieße dann das Nudelwasser dazu, falls die Sauce zu dick ist. Verteile die Nudeln auf 2 Schüsseln, streu die restliche Petersilie darüber und serviere sie.

Nährwert pro Portion: 495kcal, 21g Proteine, 77g Kohlenhydrate (5g Ballaststoffe, 5g Zucker), 14g Fette (2g gesättigt), 1,1g Salz, 15% Calcium, 18% Eisen, 18% Magnesium, 58% Vitamin D, 12% Vitamin B2, 21% Vitamin B3, 10% Vitamin B6, 70% Vitamin B12.

22. Curry-Hühnchen mit Erdnussbutter

Dieses Curry-Hühnchen steckt voller Vitamin B3 und qualitätsvollen Proteinen. Serviere als Beilage gedünsteten, braunen Reis, der hervorragend zur Erdnussbutter-Sauce passt und wenn gewünscht die nötigen Kohlenhydrate liefert.

Zutaten (2 Portionen):

2 von Haut befreite Hühnerbrüste, in Stücke geschnitten

100g griechischer Joghurt

75ml Hühnerbrühe

2 ½ Esslöffel Erdnussbutter

1 kleine, rote Chili-Peperoni, entkernt

1 kleine Knoblauchzehe

¼ einer fingerbreiten Ingwerknolle, grob gehackt

1 Teelöffel Olivenöl

Ein kleiner Bund Koriander, Stangen grob gehackt

Zubereitungszeit: 5 min

Kochzeit: 15 min

Zubereitung:

Schneide ein Viertel der Chili-Peperoni und gib den Rest zusammen mit dem Knoblauch, der Koriander-Stange, 1/3 der Blätter und dem Ingwer in eine Küchenmaschine. Stelle eine große Paste her und füge bei Bedarf etwas Wasser hinzu.

Erhitze das Öl in einer Pfanne und lass das Hühnchen darin 1 Minute braun werden. Rühre die Paste 1 Minute lang unter, dann den Joghurt, die Brühe und die Erdnussbutter. Koche alles weitere 10 Minuten, bis die Sauce dick wird und das Hühnchen fertig ist.

Nährwert pro Portion: 358kcal, 43g Proteine, 4g Kohlenhydrate (1g Ballaststoffe, 3g Zucker), 19g Fette (6g gesättigt), 0,7g Salz, 14% Magnesium, 76% Vitamin B3, 36% Vitamin B6.

23. Salat mit Lachs und braunem Reis

Ein pikantes Rezept, das die ideale Kombination aus mageren Proteinen, herzfördernden Fetten und langsam freigesetzten Kohlenhydraten darstellt. Salat mit Lachs und braunem Reis ist reich an Vitaminen und hat einen orientalischen, auf Soja basierenden Geschmack.

Zutaten (2 Portionen):

1 Lachsfilet, von Haut befreit

100g brauner Basmatireis

100g gefrorene Sojabohnen, aufgetaut

2 Teelöffel salzarme Sojasauce

1 Gurke, gewürfelt

½ roter Chili, gewürfelt

Schale und Saft von ½ Limette

Ein kleiner Bund Frühlingszwiebeln, in Scheiben geschnitten

Ein kleiner Bund Koriander, grob gehackt

Zubereitungszeit: 15 min

Kochzeit: 25 min

Zubereitung:

Koche den Reis nach Packungsangaben. Gib 3 Minuten bevor er fertig ist, die Sojabohnen dazu. Schütte das Wasser aus und lass ihn unter kaltem Wasser abkühlen.

Leg den Lachs auf einen Teller und stell ihn in bei hoher Temperatur in die Mikrowelle bis er durch ist (ungefähr 3 Minuten). Wickel den Lachs danach vorsichtig mit den Frühlingszwiebeln, der Gurke, dem Koriander, de Reis und den Bohnen ein.

Mische den Limettensaft sowie die Schale, das Soja und den Chili in einer separaten Schüssel, gieße das Reisgericht darüber und serviere das Ganze.

Nährwert pro Portion: 497kcal, 34g Proteine, 61g Kohlenhydrate (5g Ballaststoffe, 6 g Zucker), 15g Fette (3g gesättigt), 1,5g Salz, 10% Calcium, 19% Eisen, 31% Magnesium, 14% Vitamin A, 24% Vitamin C, 146% Vitamin K, 32% Vitamin B1, 16% Vitamin B2, 63% Vitamin B3, 22% Vitamin B6, 49% Vitamin B9, 80% Vitamin B12.

24. Bohne mit Aubergine

Bohne mit gegrillter Aubergine ist ein ballaststoff- und vitaminhaltiges Abendessen und außerdem eine originelle Art um eine einfache Auswahl an Gemüsen mit indischen Gewürzen zu

Zutaten (2 Portionen):

100g Bohnen, gespült

1 mittlere Aubergine, in Streifen geschnitten (2 cm)

1 mittlere Zwiebel, dünn geschnitten

1 Knoblauchzehe, fein gewürfelt

3 cm langes Ingwerstück, gerieben

1 Esslöffel Tamarindenaste

2 Esslöffel Olivenöl

1 Teelöffel Kurkuma

1 Teelöffel Currypulver

¼ Teelöffel Salz

Eine Prise grob gemahlener, schwarzer Pfeffer

Zubereitungszeit: 10 min

Kochzeit: 25 min

Zubereitung:

Schütte 500 ml Wasser über die Bohnen, die Tamarindenpaste und das Kurkuma. Füge etwas Salz hinzu und koche es bis es sehr weich ist. Stell sicher, jeglichen Schaum abzuschöpfen, der sich oben absetzt.

Erhitze 1 Esslöffel Öl und brate die Zwiebel, den Ingwer und den Knoblauch darin, bis sie gold-braun sind. Gib Currypulver dazu und koche alles für weitere 2 Minuten. Gieße die Bohnen-Mischung dazu und koche sie 10 Minuten.

Erhitze eine Grillpfanne bis sie sehr heiß ist. Reibe die Auberginenstücke mit 1 Esslöffel Olivenöl ein und würze sie mit schwarzem Pfeffer und dem restlichen Salz. Brate sie auf jeder Seite 2 Minuten bis sie geschmort ist.

Gib die Bohnen auf einen Teller, garniere sie mit den gegrillten Aubergine-Stücken und serviere alles.

Nährwert pro Portion: 325kcal 15g Proteine, 41g Kohlenhydrate (7g Ballaststoffe, 10g Zucker), 13g Fette (1g gesättigt), 0,75g Salz, 24% Eisen, 25% Magnesium, 19% Calcium, 14% Vitamin E, 23% Vitamin K, 36% Vitamin

B1, 12% Vitamin B2, 14% Vitamin B3, 26% Vitamin B6, 75% Vitamin B9.

25. Scharfe Spaghetti

Ein leicht zuzubereitendes, wenig fetthaltiges Gericht, das reich an Nährstoffen ist und voller Gemüse steckt. Für eine zusätzliche würzige Note, entkerne den roten Chili nicht und genieße die Schärfe.

Zutaten (4 Portionen):

300g Vollkornspaghetti

250g Chestnut Pilze, in dünne Streifen geschnitten

1 x 400g Dose gehackter Tomaten

1 Knoblauchzehe, dünn geschnitten

1 mittlere Zwiebel, dünn gewürfelt

1 Selleriestange, dünn gewürfelt

½ roter Chili, entkernt und fein gewürfelt

2 Esslöffel Olivenöl

Ein kleiner Bund Petersilie, nur die Blätter, gewürfelt

Eine Prise Salz

Zubereitungszeit: 10 min

Kochzeit: 15 min

Zubereitung:

Koche die Spaghetti nach Packungsanweisung, schütte danach das Nudelwasser aus.

Erhitze 1 Esslöffel Öl in einer Pfanne, füge die Pilze dazu und brate das Ganze 3 Minuten an, bis es weich ist. Gib den Knoblauch dazu, brate ihn für 1 weitere Minute, schütte die Mischung anschließend in eine Schüssel zusammen mit der Petersilie.

Erhitze das restliche Öl, gib den Sellerie dazu und die Zwiebeln und koche alles 5 Minuten. Rühre die Tomaten, den Chili und etwas Salz unter. Bring das Ganze zum Kochen , reduziere die Hitze und lass es 10 Minuten ohne Deckel köcheln bis die Sauce dick wird.

Gib die Spaghetti in die Sauce, garniere sie mit Pilzen und serviere sie.

Nährwert pro Portion: 346kcal, 12g Proteine, 62g Kohlenhydrate (5g Ballaststoffe, 7g Zucker), 7g Fette (1g gesättigt), 0,35g Salz, 22% Eisen, 15% Magnesium, 19% Vitamin C, 10% Vitamin E, 12% Vitamin K, 51% Vitamin B1, 33% Vitamin B2, 40% Vitamin B3, 11% Vitamin B6, 49% Vitamin B9.

26. Spinat-Tofu-Cannelloni

Dieses leckere Tofu-Spinat-Gericht ist der beste Freund eines Vegetariers. Voller Vitamine und Mineralien ist das Gericht sowohl lecker als auch gesund. Es behält seinen Geschmack ach nach dem Einfrieren bei.

Zutaten (6 Portionen):

300g Cannelloni

350g Seidentofu

400g Spinat

2 x 400g Dosen gehackte Tomaten

3 Knoblauchzehen, fein gehackt

1 große Zwiebel, gewürfelt

50g Pinienkerne, gehackt

4 Esslöffel frische Brotkrumen

2 Esslöffel Olivenöl

Etwas geriebener Muskat

Pfeffer, nach Geschmack

Zubereitungszeit: 25 min

Kochzeit: 1 h

Zubereitung:

Erhitze das Öl in einer Pfanne, gib die Zwiebel und 1/3 des Knoblauchs dazu und brate sie, bis sie weich sind. Schütte die Tomaten sowie die Gewürze dazu und bring alles zum Kochen. Reduziere dann die Hitze und lass es 10 Minuten kochen bis die Sauce dick ist.

Erhitze das verbleibende Öl und brate ein weiteres 1/3 Knoblauch 1 Minute darin. Gib den Spinat und die Pinienkerne dazu. Koche alles bis der Spinat sich wellt und drücke dann das überschüssige Wasser aus ihm aus.

Vermische den Tofu mit einem Handrührgerät bis er geschmeidig ist. Vermenge ihn dann mit dem Spinat, de Muskat und etwas Pfeffer. Nimm es vom Herd und lass es langsam abkühlen.

Heize den Ofen auf 200°C Umluft/Gas 6. Gieße die Hälfte der Tomatensauce in eine Backofen geeignete Form. Verteile die Cannelloni darauf und befülle sie zuvor mit der Spinat-Mischung. Schütte anschließend die verbleibende Sauce darauf und backe das Ganze 30 Minuten.

Mische die Krümel mit dem restlichen Knoblauch und den Pinienkernen und bestreue damit das Gericht. Gib außerdem noch das verbleibende Olivenöl darauf und backe alles 10 Minuten, bis die Krumen goldbraun sind. Serviere die Cannelloni warm.

Nährwert pro Portion: 284kcal, 13g Proteine, 30g Kohlenhydrate (4g Ballaststoffe, 6g Zucker), 13g Fette (2g gesättigt), 0,65g Salz, 25% Calcium, 30% Eisen, 29% Magnesium, 129% Vitamin A, 52% Vitamin C, 19% Vitamin E, 417% Vitamin K, 15% Vitamin B1, 16% Vitamin B2, 13% Vitamin B3, 13% Vitamin B6, 41% Vitamin B9.

27. Grüne Bohnen und Maisküchlein

Probiere diese vegetarischen Plätzchen, die aus Frühlingszwiebel, Bohnen und süßem Mais gemacht werden. Serviere als Beilage cremige Limetten-Avocado und eine süßliche Sauce zum Dippen. Verwöhne damit deine Geschmacksnerven.

Zutaten (2 Portionen):

1 x 200g süße Maiskörner, gekocht und entwässert

25g grüne Bohnen, gewürfelt

50g Mehl mit Backpulverzusatz

1 kleine Avocado, gewürfelt

125g Tracklemans Chili-Marmelade

½ roter Chili, entkernt, fein gewürfelt

1 großes Ei, geschlagen

2 Frühlingszwiebel, gewürfelt

40ml Milch

Saft von ½ Limette

1 Esslöffel Olivenöl

Eine kleine Handvoll Korianderblätter

Eine Prise Salz

Etwas grob gemahlener, schwarzer Pfeffer

Zubereitungszeit: 10 min

Kochzeit: 10 min

Zubereitung:

Vermische die Eier, die Milch, den süßen Mais, die Frühlingszwiebel, die Bohnen, das Mehl, die Hälfte des Chilis und Korianders sowie einige Gewürze in einer großen Schüssel. Vermenge die Avocado mit dem restlichen Koriander, dem Chili und dem Limettensaft.

Erhitze das Olivenöl in einer teflonbeschichteten Bratpfanne und löffele 3 Hügel der Mais-Mischung dazu. Lass zwischen jedem Hügel etwas Platz. Wenn sie auf einer Seite braun sind, drehe sie um und backe sie für weitere 2 Minuten auf der anderen Seite. Wiederhole das Ganze mit dem verbleibenden Teig. Serviere die Kuchen warm mit der Avocado-Salsa und der Chili-Marmelade.

Nährwert pro Portion: 353kcal, 9g Proteine, 35g Kohlenhydrate (5g Ballaststoffe, 8g Zucker), 20g Fette (4g gesättigt), 0,8g Salz, 13% Eise, 17% Vitamin C, 21%

Vitamin K, 18% Vitamin B1, 16% Vitamin B2, 16% Vitamin B3, 13% Vitamin B6, 38% Vitamin B9.

28. Rosmarin-Risotto

Gib einem Risotto-Rezept eine interessante Wendung, indem du es mit Artischocken, geröstete Pinienkerne und herzfreundliche Rosmarin-Nadeln verfeinerst. Genieße ein vielfältig gewürztes Gericht.

Zutaten (2 Portionen):

70g Arborio Risottoreis

200g Dose Artischockenherzen in Wasser, entwässert und halbiert

1 rote Zwiebel, in Ringe geschnitten

1 roter Peperoni, in Stücke geschnitten

75ml Weißwein

400ml salzarme Gemüsebrühe

1 Esslöffel geröstete Pinienkerne

1 Esslöffel geriebener Parmesan

1 Teelöffel Olivenöl

1 Esslöffel Rosmarin-Nadeln

Eine Prise Salz

Zubereitungszeit: 15 min

Kochzeit: 35 min

Zubereitung:

Erhitze das Öl in einem Wok. Koche die Zwiebeln bei mittlerer Hitze 6-7 Minuten, bis sie weich und goldbraun sind. Gib die Peperoni sowie den Rosmarin dazu und koche alles weitere 5 Minuten. Schütte den Reis dabei und rühre alles um. Gieße den Wein und die Hälfte der Brühe hinein, bring alles zum Kochen reduziere dann die Hitze und lass es köcheln, bis die ganze Flüssigkeit absorbiert wurde. Rühre die restliche Brühe unter und verfahre wie oben beschreiben. Gib due Artischocken dazu und lass es wieder köcheln bis der Reis weich ist.

Würze es mit einer Prise Salz, rühre den Parmesan sowie ½ der Pinienkerne unter. Streue die restlichen Pinienkerne darüber und serviere das Risotto.

Nährwert pro Portion: 299kcal, 9g Proteine, 44g Kohlenhydrate (4g Ballaststoffe, 9g Zucker), 10g Fette (2g gesättigt), 0,7g Salz, 18% Magnesium, 86% Vitamin C, 11% Vitamin K, 15% Vitamin B1, 12% Vitamin B3, 20% Vitamin B6.

29. Birne-Blaukäse-Salat

Grill die fruchtigen Birnen und setze mit dem würzigen Blaukäse und der Honig-Vinaigrette, die diese faszinierende Salat-Mischung ausmachen, einen Kontrast zu deren süßem Geschmack. Gib eine Handvoll Rucola-Blätter dazu um mehr Gemüse und Vitamine zu erhalten.

Zutaten (2 Portionen):

2 harte, reife Birnen, längs in 1 cm dicke Streifen geschnitten

75g Blaukäse, zerbröselt

1 Esslöffel Olivenöl

1 Teelöffel Honig

1 Teelöffel Weißweinessig

120g gemischte Salatblätter

Zubereitungszeit: 10 min

Kochzeit: 15 min

Zubereitung:

Träufele etwas Öl auf die Birnen. Erhitze eine Pfanne mit Öl, brate die Birnen 1 Minute auf jeder Seite darin, stell sie bei Seite und lass sie auskühlen.

Vermische das restliche Öl, den Honig und den Essig. Lege den Käse und die Blätter auf die Birnen, verteile sie auf 2 Teller, besprenkele sie mit dem Dressing und serviere das Ganze.

Nährwert pro Portion: 259kcal, 8g Proteine, 24g Kohlenhydrate (5g Ballaststoffe, 19g Zucker), 17g Fette (8g gesättigt), 1,2g Salz, 20% Calcium, 13% Vitamin A, 14% Vitamin C, 31% Vitamin K, 11% Vitamin B2, 11% Vitamin B9.

30. Gebackener Maisbrei

Diese italienische, mineralien- und vitaminreiche Gaumenfreude ist sowohl nährreich als auch lecker. Passe dieses Gericht deinem individuellen Geschmack an, indem du es mit Ziegenkäse oder mit Blau-, Parmesan- sowie Chester-Käse verfeinerst.

Zutaten (4 Portionen):

500g Packung fertiger Maisbrei

2 x 400g Dosen gehackte Tomaten

100g Ziegenkäse mit Rinde, in Stücke gebrochen

300g frischer Spinat

3 Knoblauchzehen, gewürfelt

1 Esslöffel Olivenöl

Eine Prise Salz

Zubereitungszeit: 20 min

Kochzeit: 20 min

Zubereitung:

Hitze den Ofen auf 220°C/Gas 7 und stell einen Wasserkessel auf. Vermische die Tomaten in einer Schüssel mit Knoblauch und Salz, und gib die Mischung in eine Backform. Lass den Spinat sich wellen, gib kaltes Wasser darauf und drücke die überschüssige Flüssigkeit heraus. Hacke den Spinat grob und streue ihn auf die Tomaten.

Schneide den Maisbrei und leg die Stücke auf den Salat. Besprenkele das Ganze mit Öl und backe es etwa 15 Minuten. Verteile den Käse darauf und stell es für weitere 5 Minuten in den Backofen. Serviere den gebackten Maisbrei heiß.

Nährwert pro Portion: 240kcal, 12g Proteine, 26g Kohlenhydrate (6g Ballaststoffe, 7g Zucker), 10g Fette (5g gesättigt), 1,6g Salz, 25% Calcium, 110% Eise, 23% Magnesium, 169% Vitamin A, 61% Vitamin C, 18% Vitamin E, 462% Vitamin K, 11% Vitamin B1, 28% Vitamin B2, 12% Vitamin B3, 1-% Vitamin B6, 39% Vitamin B9.

31. Gemüse-Tagine

Gesund und sättigend – dieses vegetarische Gericht wird aus Kichererbsen, Zucchini und Erbsen gemacht, die mit einer mutigen Kombination aus Gewürzen und der süßen Beigabe von Rosinen aufgewertet werden.

Zutaten (2 Portionen):

200g Dose Kichererbsen, abgespült und entwässert

1 große Zucchini, in Stücke geschnitten

1 Zwiebel, gewürfelt

1 Tomaten, gewürfelt

150g gefrorene Erbsen

200ml Gemüsebrühe

2 Esslöffel Rosinen

1 Esslöffel Olivenöl

¼ Teelöffel gemahlener Zimt

¼ Teelöffel gemahlener Koriander

¼ Teelöffel gemahlener Kümmel

Gewürfelter Koriander, zum Garnieren

Zubereitungszeit: 10 min

Kochzeit: 20 min

Zubereitung:

Erhitze das Öl in einer Pfanne, brate dann die Zwiebel 5 Minuten bis sie weich sind. Gib die Gewürze, die Tomaten, die Zucchini, die Kicher-erbsen, die Rosinen und die Brühe dazu und bring alles zum Kochen. Mach den Deckel darauf und lass es 10 Minuten köcheln, rühre dann die Erbsen unter und koche alles weitere 5 Minuten. Bestreue das Ganze mit Koriander und serviere es.

Nährwert pro Portion: 246kcal, 12g Proteine, 36g Kohlenhydrate (9g Ballaststoffe, 19g Zucker), 9g Fette (1g gesättigt), 0,55g Salz, 13% Eisen, 21% Magnesium, 44% Vitamin K, 25% Vitamin B1, 22% Vitamin B2, 13% Vitamin B3, 52% Vitamin B6, 45% Vitamin B9.

32. Scharfe Quinoa

Quinoa ist eine gute Quelle für Gemüse und Proteine. Zudem ist Quinoa gut gewürzt durch den Feta-Käse und die gerösteten Mandeln. Genieße das nach Zitrone schmeckende, pikante Gericht und die gesunde Dosis an Magnesium und Vitaminen.

Zutaten (2 Portionen):

150g Quinoa, abgespült

50g Feta, zerbröselt

25g geröstete Mandeln

Saft von ¼ Zitrone

¼ Teelöffel Kurkuma

½ Teelöffel gemahlener Koriander

1 Teelöffel Olivenöl

Eine Handvoll Petersilie, grob gehackt

Zubereitungszeit: 10 min

Kochzeit: 15 min

Zubereitung:

Erhitze das Öl in einer großen Pfanne, gib dann die Gewürze dazu und brate alles bis es wohl duftet. Füge die Quinoa dazu und brate alles für einige Minuten mehr, bis du ploppende Laute hörst. Rühre 300ml kochendes Wasser ein und lass alles 10 Minuten leicht köcheln bis das Wasser angestiegen ist und das Getreide ein weißes Halo darum bildet. Lass alles abkühlen, rühre die anderen Zutaten dazu und serviere die Quinoa.

Nährwert pro Portion: 404kcal, 17g Proteine, 44g Kohlenhydrate (1g Ballaststoffe, 6 g Zucker), 19g Fette (4g gesättigt), 0,7g Salz, 15% Calcium, 19% Eisen, 37% Magnesium, 11% Vitamin E, 20% Vitamin B1, 37% Vitamin B2, 23% Vitamin B6, 36% Vitamin B9.

33. Gemüsekuchen

Probiere diesen Vitamin A beladenen Kuchen, der eine hohe Varietät an Gemüse auf den Tisch bringt. Die zerdrückte Kartoffelkruste ist erfinderisch, während die Füllung ein wahrer Genuss ist.

Zutaten (4 Portionen):

900g Kartoffeln, in Stücke geschnitten

200g gefrorene Erbsen

½ Blumenkohl, in kleine Rosetten gebrochen

300g Karotten, in kleine Stäbe geschnitten

1 x 400g Dose gehackter Tomaten

4 Knoblauchzehen, ein geschnitten

2 Zwiebel, geschnitten

200ml Milch

1 Rosmarinzweig, fein geschnittene Blätter

1 Teelöffel Mehl

1 Esslöffel Olivenöl

Eine Prise Salz

Zubereitungszeit: 15 min

Kochzeit: 45 min

Zubereitung:

Erhitze 1 Teelöffel Öl in einem flammensicheren Topf bei mittlerer Hitze. Füge die Zwiebeln dazu und koche alles bis es weich ist. Rühre dann das Mehl ein und koche das Ganze für weitere 2 Minuten. Gib den Blumenkohl, die Karotten, den Knoblauch und Rosmarin dazu. Koche alles 5 Minuten unter gelegentlichem Rühren.

Lege die Tomaten dazu sowie eine Tasse voller Wasser. Mach den Deckel darauf und lass es 10 Minuten köcheln. Nimm dann den Deckel herunter und koche es erneut 10 Minuten bis die Sauce dick ist und das Gemüse gekocht ist.

Koche die Kartoffeln, schütte das Wasser aus und zerstampfe sie. Rühre die Milch ein bis die Mischung eine weiche Konsistenz erhält und schütte dann das verbleibende Olivenöl dazu.

Heize den Grill, löffele das Gemüse (heiß) in eine Kuchenform, garniere es mit den zerstampften Kartoffeln und stell es einige Minuten auf den Grill bis die Spitze goldbraun ist. Serviere das Gericht heiß.

Nährwert pro Portion: 388kcal, 15g Proteine, 62g Kohlenhydrate (11g Ballaststoffe, 18g Zucker), 8g Fette (2g gesättigt), 0,3g Salz, 17% Calcium, 24% Eisen, 47% Magnesium, 263% Vitamin A, 51% Vitamin K, 32% Vitamin B1, 21% Vitamin B2, 25% Vitamin B3, 55% Vitamin B6, 34% Vitamin B9.

34. Kürbis-Bohnen-Salat

Dieser lebhafte Salat macht Gebrauch von Linsen in Dosen und saftigen Butternut-Kürbissen. Das Ergebnis ist ein ballaststoffreicher Salat, der mehr als die tägliche Menge an Vitamin A, K und B9 beinhaltet.

Zutaten (2 Portionen):

500g Butternut Kürbis, in Stücke geschnitten

1 x 400g Dose Linsen in Wasser, getrocknet

50g Spinat

70g Kirschtomaten, halbiert

1 Knoblauchzehe, zermahlen

¼ rote Zwiebel, geschnitten

20g Chester-Käse, zerbröselt

1 Teelöffel Thymian-Blätter

1 Teelöffel Balsamico-Essig

½ Teelöffel Vollkorn-Senf

1 Esslöffel gerösteter Kürbiskerne

1 Teelöffel Olivenöl

Eine Prise Salz

Zubereitungszeit: 10 min

Kochzeit: 30 min

Zubereitung

Heize den Backofen auf 180°C/Gas 4. Gib den Kürbis zusammen mit der Hälfte des Olivenöl, der Knoblauchzehe, de Gewürzen und den Thymian-Blättern in eine Backform und brate alles 25 Minuten oder bis das Ganze weich ist.

Vermische den Essig, den Senf, 1 Esslöffel Wasser und das restliche Olivenöl. Gib die Bohnen zum Dressing, der Zwiebel, den Kirschtomaten und dem Spinat.

Verteile die Linsen auf zwei Teller, garniere sie mit dem Kürbis, dem Chester-Käse und den Kürbiskernen und serviere alles.

Nährwert pro Portion: 304kcal, 15g Proteine, 41g Kohlenhydrate (13g Ballaststoffe, 15g Zucker), 10g Fette (3g gesättigt), 0,35g Salz, 17% Calcium, 67% Eise, 42% Magnesium, 610% Vitamin A, 88% Vitamin C, 24% Vitamin E, 166% Vitamin K, 27% Vitamin B1, 24% Vitamin B2, 14% Vitamin B3, 35% Vitamin B6, 119% Vitamin B9.

35. Grapefruit-Salat

Dieser auf Grapefruit basierende Salat, der durch den Agavennektar versüßt wurde, versorgt dich mit Vitamin A und C. Der schnell zubereitete, nach Pistazien schmeckende Salat wird dich sättigen und erfrischen.

Zutaten (2 Portionen):

1 mittlere, pinke Grapefruit

1 mittlere weiße Grapefruit

1 Teelöffel Pistazien, gewürfelt

1 Esslöffel Agavennektar

Zubereitungszeit: 5 min

Keine Kochzeit

Zubereitung:

Teile die Grapefruits, entferne so viel von der weißen Haut wie möglich. Verteile die Stücke auf zwei Schüsseln, garniere sie mit Pistazien und Agavennektar. Serviere dann die Grapefruits.

Nährwert pro Portion: 107kcal, 2g Proteine, 21g Kohlenhydrate (2g Ballaststoffe, 12g Zucker), 1g Fette, 56% Vitamin A, 128% Vitamin C.

SNACKS

1. Apfelchips

Entkerne 2 Granny Smith Äpfel und schneide sie in der Mitte durch. Leg sie auf ein Backblech, streu Zimt darüber und backe sie 45 Minuten.

Nährwert: 90kcal, 25g Kohlenhydrate (3g Ballaststoffe, 22g Zucker), 14% Vitamin C.

2. Getrockneter Aprikose-Riegel

Püriere 140g Aprikosen mit 150ml kochendem Wasser sowie 40g Haferflocken in einer Küchenmaschine. Toaste 40g getrocknete Kokosnuss mit 25g Sonnenblumenkerne und 1 Esslöffel Sesamkernen in einer teflonbeschichteten Pfanne bei geringer Hitze. Rühre dann die Aprikosen mit 15g getrockneten Cranberrys, 3 Esslöffeln Proteinpulver und 1 Esslöffel Chia-Samen unter. Stell eine dicke Paste her, rolle sie auf einem langen Streifen Frischhaltefolie aus und wickele sie darin ein. Lass die Rolle ruhen und schneide sie danach in 14 Scheiben.

Nährwert pro Scheibe: 78kcal, 3g Proteine, 8g Kohlenhydrate (3g Ballaststoffe, 5g Zucker), 4g Fette (2g gesättigt)

3. Avocado auf Toast

Toaste eine kleine Scheibe Vollkornbrot, bestreiche es mit 50g zerkleinerter Avocado und streue Salz und Pfeffer darüber.

Nährwert: 208kcal, 5g Proteine, 28g Kohlenhydrate (6g Ballaststoffe, 2g Zucker), 9g Fette (1g gesättigt), 0,5g Salz, 13% Vitamin K, 13% Vitamin B9.

4. Smoothie

Vermenge in einer Küchenmaschine ½ Tasse Heidelbeeren, 1 Tasse Spinatblätter, ½ Tasse fettreduzierter griechischer Joghurt und ½ Tasse Ananas-kokosnuss-Wasser.

Nährwert: 168kcal, 24g Kohlenhydrate (3g Ballaststoffe, 8g Zucker), 17g Proteine, 23% Calcium, 57% Vitamin A, 73% Vitamin C, 199% Vitamin K, 16% Vitamin B9.

5. Studentenfutter

Mische 10g Walnüsse, 10g Mandeln und 30g Rosinen.

Nährwert: 217kcal, 4g Proteine, 25g Kohlenhydrate(2g Ballaststoffe, 17g Zucker), 13g Fette (1g gesättigt), 10% Magnesium.

6. Energie-Nuggets

Mixe 50g getrocknete Aprikosen und 50g getrocknete Kirschen in einer Küchenmaschine, bis sie fein gehackt sind.

Schütte alles in eine Schüssel und vermische das mit 2 Teelöffel Kokosnussöl. Forme aus der Mischung walnussgroße Bälle, wälze sie in 1 Esslöffel geröstete Sesamkerne. Mach 6 Nuggets.

Nährwert pro Nugget: 113kcal, 2g Proteine, 21g Kohlenhydrate (2g Ballaststoffe, 18g Zucker), 3g Fette (1g gesättigt).

7. Heidelbeer-Joghurt

Vermenge 150g fettreduzierten Joghurt mit ½ Tasse Heidelbeeren.

Nährwert: 136kcal, 8g Proteine, 21g Kohlenhydrate (2g Ballaststoffe, 18g Zucker), 3g Fette (1g gesättigt), 27% Calcium, 13% Vitamin C, 18% Vitamin K, 21% Vitamin B2, 13% Vitamin B12.

8. Tasse Popcorn

Nährwert: 31kcal, 1g Proteine, 6g Kohlenhydrate (1g Ballaststoffe).

9. Apfel und Erdnussbutter

Schneide 1 kleinen Apfel und streiche 1 Esslöffel cremige Erdnussbutter in Stücke.

Nährwert: 189kcal, 4g Proteine, 28g Kohlenhydrate (5g Ballaststoffe, 20g Zucker), 8g Fett (1g gesättigt), 14% Vitamin C, 14% Vitamin B3.

10. Geröstete Kichererbsen

Nährwert pro 50g: 96kcal, 4g Proteine, 13g Kohlenhydrate (4g Ballaststoffe, 2g Zucker), 3g Fette.

11. Griechischer Joghurt mit Erdbeeren

Vermische 150g griechischer Joghurt mit 5 mittelgroßen, halbierten Erdbeeren.

Nährwert: 150kcal, 11g Proteine, 10g Kohlenhydrate (10g Zucker), 8g Fett (5g gesättigt), 10% Calcium, 60% Vitamin C.

12. Zimtorangen

Entferne die Schale und die weiße Haut einer Orange, schneide sie dann in Streifen und gib 1 Teelöffel Orangensaft, 1 Teelöffel Zitronensaft, ¼ Teelöffel Zucker und etwas Zimt dazu.

Nährwert pro Portion: 86kcal, 1g Proteine, 22g Kohlenhydrate (3g Ballaststoffe, 19g Zucker), 116% Vitamin C, 10% Vitamin B9.

13. Gegrillter Spargel

Erhitze 100g Spargel 2 Minuten in kochendem Wasser. Schütte das Wasser ab und gib etwas Olivenöl darauf. Grill die Spargelspitzen einige Minuten und träufele etwas geschmolzene Butter darüber und 1 Teelöffel geröstete Mandeln.

Nährwert: 107kcal, 4g Proteine, 4g Kohlenhydrate (2g Ballaststoffe, 2 g Zucker), 9g Fette (3g gesättigt), 0,1g Salz, 12% Eisen, 15% Vitamin A, 52% Vitamin K, 10% Vitamin B1, 13% Vitamin B9.

14. Sojamilch-Smoothie

Verrühre ½ Banane mit 125ml Sojamilch, ½ Teelöffel Honig und etwas geriebenem Muskat, bis alles geschmeidig ist. Garniere es mit 1 Teelöffel gehackter Haselnuss.

Nährwert pro Portion: 220kcal, 8g Proteine, 24g Kohlenhydrate (1g Ballaststoffe, 21g Zucker), 10g Fette (1g gesättigt), 0,2g Salz, 14% Vitamin B2, 11% Vitamin B6.

SAFTREZEPTE UM DEN BLUTDRUCK ZU SENKEN

1. Überraschender Sonnenaufgang

Dieses Saftrezept löst Probleme, wenn es um einen zu hohen Blutdruck geht. Es ist reich an Vitaminen und Mineralien, die deinen Körper in eine gesunde Energiefabrik verwandeln.

Vorteile:

Sellerie ist für seinen hohen Calciumgehalt bekannt. Sellerie hilft, Bluthochdruck zu kontrollieren. Pfirsiche beinhalten Anti-Oxidantien, die Bluthochdruck verhindern.

Zutaten:

- Äpfel - 2 mittlere 360g
- Karotten - 2 mittlere 122g
- Sellerie - 3 Stangen, große 190g
- Zitronen (geschält) - 2 Früchte 165g
- Pfirsich - 2 mittlere 356g

Zubereitung:

- **Wasche alle Zutaten.**
- **Vermische sie gut und genieße dieses erfrischende Getränk.**

Gesamtsumme an Kalorien: 381

Vitamine: Vitamin A 785ug, Vitamin C 187mg, Calcium 130mg

Mineralien: Natrium 221mg, Kalium 2454mg

Zucker 55g

2. Leichte Creme

Die beste Art entspannt und während des Tages voller Energie zu bleiben, besteht darin, den Tag mit einem natürlichen Saft zu beginnen. Hier ist ein großartiges Rezept, das mehr als das leisten wird. Versuch es selbst.

Vorteile:

Gewisse Proteinverbindungen, die du nur in Spinat findest, eignen sich hervorragend um Bluthochdruck zu senken. Paprika ist bekannt dafür Cholesterin sowie Bluthochdruck zu senken.

Zutaten:

- Gurke - ½ Gurke 150g
- Petersilie- 2 Handvoll 80g
- Peperoni - 1/2 mittlere 59g
- Spinat - 1 Tasse 30g
- Tomaten- 3 mittlere, ganz 350g
- Rotkohl - 1 Blatt 22g

Zubereitung:

- **Wasche alle Zutaten.**
- **Vermische sie gut und genieße dieses erfrischende Getränk.**

Gesamtsumme an Kalorien: 115

Vitamine: Vitamin A 205ug, Vitamin C 97mg, Calcium 221mg

Mineralien: Natrium 212mg, Kalium 1755mg

Zucker 13g

3. Bewusstseinserweiterung

Eine Vielzahl an Früchten und Gemüse macht diesen Saft unwiderstehlich und führt zu einem gesunden Körper. Darum ist dieses Rezept nicht nur stärkend, sondern auch gesund. Du solltest es am Morgen probieren.

Vorteile:

Eine neue Studie hat gezeigt, dass Essen, welches reich an Kalium ist, ebenfalls den Blutdruck reduzieren kann. Orangen sind dagegen eine große Vitamin C Quelle.

Zutaten:

- Gurke- 1 Gurke 300g
- Orangen - 2 Früchte 260g
- Ananas - 1/4 Frucht 226,25g
- Spinat - 5 Handvoll 125g
- Banane – 1 mittlere 90g

Zubereitung:

- **Wasche alle Zutaten.**

- **Vermische sie gut und genieße dieses erfrischende Getränk.**

Gesamtsumme an Kalorien: 184

Vitamine: Vitamin A 421ug, Vitamin C 154mg, Calcium 202mg

Mineralien: Natrium 71mg, Kalium 1322mg

Zucker 30g

4. Hypotensions-Saft

Wenn du einen gesunden Körper und Geist haben willst, solltest du ein anderes Saftrezept kennenlernen, das grünes Gemüse beinhaltet und mit wohlschmeckenden Zutaten vermischt wird, die den Geschmack des Getränks verbessern.

Vorteile:

Limettensaft ist hilfreich für Menschen, die an Herzproblemen leiden, weil sie Kalium enthalten. Er hilft außerdem, den Blutdruck zu kontrollieren und mentalen Stress zu reduzieren.

Zutaten:

- Äpfel - 2 mittlere 364g
- Grünkohl - 5 Blätter 175g
- Limette - 1/2 Frucht 32g
- Orange - 150g
- Karotten -1 große 70g

Zubereitung:

- **Wasche alle Zutaten.**
- **Vermische sie gut und genieße dieses erfrischende Getränk.**

Gesamtsumme an Kalorien: 160

Vitamine: Vitamin A 300ug, Vitamin C 191mg, Calcium 109mg

Mineralien: Natrium 103mg, Kalium 1437mg

Zucker 43g

5. Großes A

Du kannst ein neues Saftrezept, das alle wichtigen Mineralien und Vitamine enthält, immer verwenden. Es führt deinen Körper letzten Endes zu einem gesünderen. Es handelt sich hierbei um ein weiteres, großartiges Morgengetränk.

Vorteile:

Pektine in Äpfeln senken Cholesterin und ebenfalls den Blutdruck. Pfirsichsaft hat einen entzündungshemmenden Effekt und ist ein sehr guter Nährstoff-Lieferant.

Zutaten:

- Äpfel - 2 mittlere 360g
- Orange (geschält) - 1 Frucht 130g
- Pfirsich - 2 mittlere 356g
- Süßkartoffel - 130g
- Limette ½ - 33g

Zubereitung:

- **Wasche alle Zutaten.**

- **Vermische sie gut und genieße dieses erfrischende Getränk.**

Gesamtsumme an Kalorien: 307

Vitamine: Vitamin A 610ug, Vitamin C 61mg, Calcium 123mg

Mineralien: Natrium 120mg, Kalium 1221mg

Zucker 60g

6. Süßer Tag

Dieses Saftrezept ist großartig, wenn du eine positive Veränderung in deinem Herzen herbeiführen willst. Wenn du in der Vergangenheit Herzprobleme hattest, versuche dieses Getränk und sieh, was es womöglich für dich tun kann.

Vorteile:

Rote Beeten haben medizinische Eigenschaften, die den Blutdruck normalisieren. Zudem sind sie reich an Kohlenhydraten, eine großartige Quelle für sofortige Energie.

Zutaten:

- Rote Beete (golden) - 1 Knolle 80g
- Karotten - 3 große 215g
- Gurke - 1/2 Gurke 150g
- Ingwer - 1/2 Daumenbreit 12g
- Limette - ½ Frucht 33g

Zubereitung:

- **Wasche alle Zutaten.**
- **Vermische sie gut und genieße dieses erfrischende Getränk.**

Gesamtsumme an Kalorien: 137

Vitamine: Vitamin A 1104ug, Vitamin C 19mg, Calcium 143mg

Mineralien: Natrium 265mg, Kalium 1391mg

Zucker 22g

7. Grüner Gott

Du solltest dieses Saftrezept beim Mittagessen probieren, weil es reich an Nährstoffen ist, die besser zu dieser Tageszeit konsumiert werden und dann leichter zu verdauen sind.

Vorteile:

Gurke ist essentiell für gesundes Bindegewebe und hilft außerdem, den Blutdruck zu senken.

Zutaten:

- Sellerie - 4 Stangen, große 255g
- Gurke - 1 Gurke 300g
- Ingwer - 1 Daumenbreit 24g
- Zitrone - 1/2 Frucht 42g

Zubereitung:

- **Wasche alle Zutaten.**
- **Vermische sie gut und genieße dieses erfrischende Getränk.**

Gesamtsumme an Kalorien: 183

Vitamine: Vitamin A 764ug, Vitamin C 171mg, Calcium 312mg

Mineralien: Natrium 195mg, Kalium 1872mg

Zucker 30g

8. Heilende Mischung

Hier kommt ein weiteres, großartiges Saftrezept, das deine Gesundheit und dein Wohlbefinden verbessern wird. Wenn die Kombination aus Zitrone und Orange zu stark für dich ist, dann streich ganz einfach eines dieser Zutaten. Wenn du sie aber zusammen trinken kannst, ist es besser.

Vorteile:

Zitronensaft reduziert Depression und kontrolliert Bluthochdruck. Der Konsum von Vitamin C hilft, das Auftreten von Magengeschwüren zu senken.

Zutaten:

- Sellerie – 4 Stangen, große 255g
- Zitrone (mit Schale) - 1/2 Frucht 28g
- Orange (geschält) - 1 große 180g
- Spinat - 5 Handvoll 125g

Zubereitung:

- **Wasche alle Zutaten.**

- **Vermische sie gut und genieße dieses erfrischende Getränk.**

Gesamtsumme an Kalorien: 202

Vitamine: Vitamin A 250ug, Vitamin C 87mg, Calcium 211mg

Mineralien: Natrium 211mg, Kalium 1501mg

Zucker 40g

9. Knurr-Saft

Saftrezepte sind eine schnelle Art um mit dem modernen Lebensstil mitzuhalten und richten sich an Personen, die danach streben, einen gesunden Körper zu haben. Das ist ein großartiges Rezept um den Blutdruck zu senken und dein Herz zu stärken.

Vorteile:

Ingwer nimmt eine Rolle beim Senken des Cholesterins ein und hilft den Bluthochdruck zu regulieren. Das Extrakt aus der Apfelhaut reduziert die Wahrscheinlichkeit an Leberkrebs zu erkranken. Daher ist es besser, wenn du die Schale gut wächst und sie beim Saft machen dran lässt.

Zutaten:

- Äpfel - 2 mittlere 365g
- Sellerie - 3 Stangen, große 192g
- Gurke - 1 Gurke 300g
- Limette (mit Schale) - 1 Frucht 65g
- Petersilie - 1 Bund 150g

Zubereitung:

- **Wasche alle Zutaten.**
- **Vermische sie gut und genieße dieses erfrischende Getränk.**

Gesamtsumme an Kalorien: 202

Vitamine: Vitamin A 590ug, Vitamin C 156mg, Calcium 281mg

Minerals: Natrium 197mg, Kalium 1789mg

Zucker 28g

10. Star-Saft

Beginne deinen Tag stark mit dieser großartigen Mischung aus Früchten und leckerem Gemüse. Diese Zutaten sind perfekt für dich, weil die reich an Nährstoffen und Vitaminen sind.

Vorteile:

Pfirsiche beinhalten anti-kanzerogene Glutathione, die Blutdruck verhindern. Karotten sind reich an Beta-Karotine und sie reduzieren womöglich Bluthochdruck.

Zutaten:

- Karotten - 4 mittlere 220g
- Gurke - 1 Gurke 300g
- Zitrone - 1 Frucht 58g
- Pfirsich - 1 mittlere 178g
- Sellerie - 1 Stange, große 62g

Zubereitung:

- **Wasche alle Zutaten.**

- **Vermische sie gut und genieße dieses erfrischende Getränk.**

Gesamtsumme an Kalorien: 210

Vitamine: Vitamin A 1044ug, Vitamin C 40mg, Calcium 139mg

Mineralien: Natrium 149mg, Kalium 1451mg

Zucker 32g

11. Junior-Saft

Wenn jede Sekunde wertvoll ist und dir die Zeit fehlt um gesünder zu werden, solltest du deinem Körper nichts verweigern. Darum wird dieses tolle Saftrezept innerhalb kürzester Zeit Wunder für dich und deinen Körper vollbringen.

Vorteile:

Sellerie ist gut beim Senken von Bluthochdruck und ist ein großartiger Lieferant für Nährstoffe.

Zutaten:

- Sellerie - 3 Stangen, große 190g
- Gurke - 1/2 Gurke 150g
- Ingwer - 1/2 Daumenbreit 12g
- Kohl - 2 Blätter 70g
- Banane - 1 mittlere 90g

Zubereitung:

- **Wasche alle Zutaten.**

- **Vermische sie gut und genieße dieses erfrischende Getränk.**

Gesamtsumme an Kalorien: 200

Vitamine: Vitamin A 503ug, Vitamin C 176mg, Calcium 276mg

Mineralien: Natrium 133mg, Kalium 1569mg

Zucker 45g

12. Herr-Gesundes-Herz-Mischung

Stell sicher, deinen Tag mit dieser für das Herz gesunden Mischung zu beginnen. Diese hat dank der Banane und Apfel Kombination einen wunderbaren Geschmack.

Vorteile:

Bananen spielen eine wichtige Rolle beim Senken des Blutdrucks. Äpfel reduzieren das Cholesterin und erhöhen die Knochendichte.

Zutaten:

- Karotte - 4 mittlere 242g
- Sellerie - 3 Stangen, große 190g
- Ingwer - 1/2 Daumenbreit 11g
- Banane – 1 mittlere 90g
- Apfel – 1 mittleren 180g

Zubereitung:

- **Wasche alle Zutaten.**
- **Vermische sie gut und genieße dieses erfrischende Getränk.**

Gesamtsumme an Kalorien: 233

Vitamine: Vitamin A 1312ug, Vitamin C 27mg, Calcium 143mg

Mineralien: Natrium 310mg, Kalium 1670mg

Zucker 44g

13. Sonniger-Start-Frühstücksgetränk

Hier ist ein gutes Saftrezept, mit dem du deinen Tag beginnen kannst. Es wird dein Energielevel während des gesamten Tages hoch halten und außerdem eine exzellente Quelle an Vitaminen sein. Probiere es aus.

Vorteile:

Tomaten sind dafür bekannt sehr gut für dein Herz zu sein und außerdem deinen Blutdruck zu ver-mindern. Sie sind außerdem eine großartige Quelle für Vitamin C.

Zutaten:

- Äpfel (grün) - 1 mittlerer 180g
- Gurke - 1 Gurke 300g
- Trauben (grün) - 15 Trauben 90g
- Spinat - 2 Tassen 60g
- Tomate - 1 mittlere, ganz 121g

Zubereitung:

- **Wasche alle Zutaten.**

- **Vermische sie gut und genieße dieses erfrischende Getränk.**

Gesamtsumme an Kalorien: 179

Vitamine: Vitamin A 540ug, Vitamin C 59mg, Calcium 144mg

Mineralien: Natrium 112mg, Kalium 1448mg

Zucker 31g

14. Rote-Beeten-Regen-Verzögerung

Wenn du bereite dazu bist, mit einer gesunden Gewohnheit zu beginne, ist Saft eine wundervolle Idee. Die Süßkartoffel in diesem Getränk wird ihm einen neuen leckeren Geschmack verleihen, den du genießen wirst.

Vorteile:

Medizinische Studien haben gezeigt, dass die Aufnahme von Rote Beete in deinen Ernährungs-plan, deinen Körper vor Herzerkrankungen schützt. Sie helfen außerdem, die roten Blutzellen zu regenerieren und liefern deinem Körper frischen Sauerstoff.

Zutaten:

- Apfel - 1 mittlerer 180g
- Rote Beete - 1 Knolle 170g
- Zitrone - 1/2 Frucht 42g
- Orangen (geschält) - 2 Früchte 262g
- Süßkartoffel - 1 130g

Zubereitung:

- **Wasche alle Zutaten.**
- **Vermische sie gut und genieße dieses erfrischende Getränk.**

Gesamtsumme an Kalorien: 245

Vitamine: Vitamin A 450ug, Vitamin C 87mg, Calcium 137mg

Mineralien: Natrium 227mg, Kalium 1894mg

Zucker 34g

15. Regenbogen-Parade

Die Welt der Wissenschaft entdeckt immer wieder neue Dinge, die zeigen, wie wichtig Gemüse und Früchte für unser Leben sind. Hier ist ein gutes Beispiel für ein Saftrezept, das du danach als Ergänzung zu deinen täglichen Mahlzeiten haben willst.

Vorteile:

Eine neue Studie hat gezeigt, dass Essen, das reich an Magnesium und Ballaststoffen ist, dem Körper hilft, den Blutdruck auf ein gesünderes Level zu senken. Spinat ist ein guter Blutbildner und regeneriert rote Zellen.

Zutaten:

- Sellerie - 4 Stangen, mittlere 160g
- Gurke - 1/2 Gurke 150g
- Trauben - 2 Tassen 180g
- Spinat - 4 Tassen 120g

Zubereitung:

- **Wasche alle Zutaten.**

- **Vermische sie gut und genieße dieses erfrischende Getränk.**

Gesamtsumme an Kalorien: 219

Vitamine: Vitamin A 322ug, Vitamin C 37mg, Calcium 179mg

Mineralien: Natrium 144mg, Kalium 1671mg

Zucker 38g

16. Lächelnder Ananas-Mix

Hier kommt ein weiteres Rezept, das du probieren solltest. Teile es mit deiner Familie, weil es wirklich ein erstaunliches Rezept ist, wenn du Ananas magst.

Vorteile:

Zitronensaft zu trinken ist gut für das Herz und hilft außerdem, Bluthochdruck zu kontrollieren. Eine Karotte am Tag reduziert das Schlaganfallrisiko um fast 66 Prozent.

Zutaten:

- Karotten - 3 mittlere 180g
- Zitrone - 1/2 Frucht 40g
- Ananas - 1/4 Frucht 225g
- Spinat - 2 Handvoll 50g

Zubereitung:

- **Wasche alle Zutaten.**
- **Vermische sie gut und genieße dieses erfrischende Getränk.**

Gesamtsumme an Kalorien: 202

Vitamine: Vitamin A 975ug, Vitamin C 150mg, Calcium 165mg

Mineralien: Natrium 210mg, Kalium 1410mg

Zucker 37g

17. Cranberryfreude-Saft

Dieses Saftrezept ist ungewöhnlich aufgrund der Vielzahl an Zutaten, die du normalerweise nirgends findest. Gib ihm also eine Chance und bemerke die spektakulären Ergebnisse, die du erzielst.

Vorteile:

Orangen sind reich an Vitamin C und stimulieren weiße Zellen, damit sie verschiedene Infektionen zu bekämpfen. Eine neue Studie hat sie mit dem Senken des Blutdrucks in Verbindung gebracht.

Zutaten:

- Cranberrys - 3 Tassen, 300g
- Ingwer - 2 Daumenbreit 45g
- Limetten (mit Schale) - 2 Früchte 134g
- Banane – 1 mittlere 90g

Zubereitung:

- **Wasche alle Zutaten.**

- **Vermische sie gut und genieße dieses erfrischende Getränk.**

Gesamtsumme an Kalorien: 285

Vitamine: Vitamin A 145ug, Vitamin C 219mg, Calcium 172mg

Mineralien: Natrium 7mg, Kalium 1128mg

Zucker 48g

18. Kohl-Schwur

Kohl steckt voller notwendiger Vitamine und Mineralien, die deinem Körper helfen, den Bluthochdruck zu senken und dich während des Tages besser fühlen lassen. Füge einige Blätter mehr dazu, wenn dich der intensive Geschmack nicht stört. Das wird das Ganze noch nahrhafter machen.

Vorteile:

Kohl beinhaltet verschiedene Verbindungen, die Bluthochdruck regulieren. Neue Studien haben gezeigt, dass Zitronen beim Senken von Cholesterin helfen.

Zutaten:

- Äpfel - 2 mittlere 320g
- Kohl - 2 Blätter (20-30cm)70g
- Zitrone (geschält) - 1 Frucht 58g
- Tomate - 1 mittlere, ganz 120g

Zubereitung:

- **Wasche alle Zutaten.**

- **Vermische sie gut und genieße dieses erfrischende Getränk.**

Gesamtsumme an Kalorien: 275

Vitamine: Vitamin A 434ug, Vitamin C 91mg, Calcium 201mg

Mineralien: Natrium 190mg, Kalium 1448mg

Zucker 45g

19. Karotten-Limetten-Power

Das ist ein großartiger Saft, um ihn nach oder während einer Hauptmahlzeit zu servieren. Die Kombination aus Limette und Peperoni gibt ihm einen Geschmacksschub, aber die Banane lässt ihn süßlich schmecken. Wenn du ihn noch immer zu intensiv im Geschmack findest, füge einfach eine halbe Banane mehr dazu.

Vorteile:

Der normale Konsum von Karotten reduziert das Cholesterin und verhindert Erkrankungen, die mit dem Herzen n Verbindung stehen. Sie helfen außerdem die Leber zu reinigen.

Zutaten:

- Karotten - 2 große 170g
- Sellerie - 2 Stangen, große 128g
- Limette - 1/2 Frucht 32g
- Peperoni - 1 Peperoni 14g
- Spinat - 2 Tassen 60g

- Banane – 1 mittlere 90g

Zubereitung:

- **Wasche alle Zutaten.**
- **Vermische sie gut und genieße dieses erfrischende Getränk.**

Gesamtsumme an Kalorien: 110

Vitamine: Vitamin A 875ug, Vitamin C 32mg, Calcium 127mg

Mineralien: Natrium 255mg, Kalium 1329mg

Zucker 15g

20. Gurken-Hoch

Wenn dein Ziel darin besteht, einen gesunden Körper zu erhalten, musst du dieses Saftrezept testen. Du kannst die Menge an Zwiebeln reduzieren, wenn du deren Geschmack nicht magst, aber es ist aus gesundheitlichen Gründen empfohlen, die Menge dabei zu belassen.

Vorteile:

Petersilie fungiert als ein Anti-Oxidant und hilft, einen gesunden Blutdruck zu bewahren. Tomatensaft ist eine hervorragende Quelle für Vitamin C, Calcium und Phosphor.

Zutaten:

- Gurke - 1 Gurke 300g
- Zitrone - 1 Frucht 55g
- Zwiebel - 15g
- Petersilie - 1 Handvoll 40g
- Tomaten - 2 kleine, ganz 180g

Zubereitung:

- **Wasche alle Zutaten.**
- **Vermische sie gut und genieße dieses erfrischende Getränk.**

Gesamtsumme an Kalorien: 79

Vitamine: Vitamin A 255ug, Vitamin C 105mg, Calcium 98mg

Mineralien: Natrium 30mg, Kalium 1077mg

Zucker 10g

21. Broccoli-Mischung

Lass uns schauen, ob dieses leckere Saftrezept das ist, wonach du suchst. Eines der schönsten Dinge an Saftrezepten ist, dass sie nicht viel Vorbereitungszeit brauchen und die Ergebnisse hervorragend sind.

Vorteile:

Broccoli hilft bei der richtigen Funktion von Insulin und reguliert den Blutzucker und damit auch den Blutdruck.

Zutaten:

- Apfel - 1 mittlerer 180g
- Broccoli - 1 Stange 150g
- Karotten - 2 große 110g
- Sellerie - 3 Stange, große 190g
- Olivenöl - 1 Esslöffel 13,5g

Zubereitung:

- **Wasche alle Zutaten.**
- **Vermische sie gut und genieße dieses erfrischende Getränk.**

Gesamtsumme an Kalorien: 224

Vitamine: Vitamin A 1003ug, Vitamin C 110mg, Calcium 196mg

Mineralien: Natrium 215mg, Kalium 1335mg

Zucker 19g

22. Heidelbeer-Überraschungs-Mischung

Heidelbeeren schmecken großartig und sind wundervolle Anti-Oxidantien. Diese Zutaten zu vermischen wird dir einen großartigen Saft bescheren, den du zu jeder Tageszeit und nicht nur am Morgen trinken kannst.

Vorteile:

Vitamine sind dafür verantwortlich, dass unser System richtig funktioniert und im Überfluss in Heidelbeeren enthalten. Heidelbeeren helfen außerdem ein starkes Immunsystem aufrecht zu erhalten.

Zutaten:

- Apfel - 1 mittlere 180g
- Heidelbeere - 1 Tasse 140g
- Broccoli - 1 Stange 151g
- Tomate - 1 mittlere, ganz 120g

Zubereitung:

- **Wasche alle Zutaten.**

- **Vermische sie gut und genieße dieses erfrischende Getränk.**

Gesamtsumme an Kalorien: 203

Vitamine: Vitamin A 784ug, Vitamin C 102mg, Calcium 115mg

Mineralien: Natrium 188mg, Kalium 1431mg

Zucker 39g

23. Fitter Ingwersaft

Hier ist ein weiteres großartiges Rezept, das du zu jeder Tageszeit genießen kannst. Stell nur sicher, dass du ihn 30 Minuten vor einer Hauptmahlzeit zubereitest.

Vorteile:

Pektin in Karotten senkt den Cholesterinlevel und ist außerdem reich an Vitamin A, das das Augenlicht verbessert.

Zutaten:

- Karotten - 2 mittlere 120g
- Ingwer - 1/2 Knolle 12g
- Zitrone - 1 Frucht 50g
- Spinat - 2 Handvoll 50g

Zubereitung:

- **Wasche alle Zutaten.**
- **Vermische sie gut und genieße dieses erfrischende Getränk.**

Gesamtsumme an Kalorien: 190

Vitamine: Vitamin A 1059ug, Vitamin C 71mg, Calcium 161mg

Mineralien: Natrium 192mg, Kalium 1430mg

Zucker 31g

24. Orangen-Bananen-Mischung

Dies ist ein wundervoller Saft für Leute, die ernste Probleme mit dem Blutdruck und dem Herzen haben. Die Zutaten in diesem Saft sind voll beladen mit Nährstoffen, die helfen, dein Immunsystem zu stärken.

Vorteile:

Orangen sind, da sie reich an Flavonoiden und Vitamin C sind, bekannt dafür, das Risiko einer Herzerkrankung zu senken. Ein Flavonoid, das Hesperidin genannt wird, ist in Orangen zu finden und senkt Bluthochdruck.

Zutaten:

- Äpfel - 2 mittlere 360g
- Ingwer - 1/2 Daumenbreit 12g
- Limette - ½ 30g
- Orange (geschält) - 1 Frucht 130g
- Banane – 1 mittlere 90g

Zubereitung:

- **Wasche alle Zutaten.**

- **Vermische sie gut und genieße dieses erfrischende Getränk.**

Gesamtsumme an Kalorien: 166

Vitamine: Vitamin A 15ug, Vitamin C 71mg, Calcium 115mg

Mineralien: Natrium 85mg, Kalium 982mg

Zucker 34g

25. Grapefruit-Herzerkrankungs-Vermeider

Dies ist ein großartiger Saft um Bluthochdruck und Herzerkrankungen vorzubeugen. Grapefruit ist eine mächtige Frucht mit Cholesterin senkenden Eigenschaften. Du kannst die ganze Frucht beifügen, wenn du nichts gegen ihren Geschmack hast, da das das Ganze noch besser für dich und dein Herz macht.

Vorteile:

Sellerie in deine Ernährung aufzunehmen hilft dem Körper sich gegen Herzerkrankungen zu schützen und senkt außerdem den Blutdruck. Karotten haben einen reinigenden Effekt auf die Leber und helfen, mehr Gallenflüssigkeit auszuscheiden.

Zutaten:

- Apfel - 1 großer 200g
- Grapefruit - 1/2 große, geschält 160g
- Rote Beete - 1 Knolle 175g
- Karotten - 4 mittlere 244g

- Sellerie - 1 Stange, große 60g

Zubereitung:

- **Wasche alle Zutaten.**
- **Vermische sie gut und genieße dieses erfrischende Getränk.**

Gesamtsumme an Kalorien: 175

Vitamine: Vitamin A 1632ug, Vitamin C 38mg, Calcium 181mg

Mineralien: Natrium 398mg, Kalium 1651mg

Zucker 33g

26. Granatapfel-Power

Granatapfel ist eine wohlschmeckende Frucht, die dem Saft einen charakteristischen Geschmack verleiht, wenn du sie den Zutaten beifügst. Probiere den Saft am Morgen oder am Nachmittag, aber er ist nicht für den Abend gedacht.

Vorteile:

Zitronensaft hilft, den Bluthochdruck zu kontrollieren und verhindert mentalen Stress und Depression.

Zutaten:

- Heidelbeere- 1 Tasse 145g
- Zitrone – 1/2 Frucht 30g
- Granatapfel – 1 Granatapfel 280g
- Banane – 1 mittlere 100g

Zubereitung:

- **Wasche alle Zutaten.**
- **Vermische sie gut und genieße dieses erfrischende Getränk.**

Gesamtsumme an Kalorien: 176

Vitamine: Vitamin A 4ug, Vitamin C 42mg, Calcium 27mg

Mineralien: Natrium 6mg, Kalium 580mg

Zucker 35g

27. Eins Plus Start

Was eine Kombination an Vitaminen und Mineralien in diesem Saft! Kohl und Spinat zusammen in einem Getränk ist spektakulär. Stell sicher, dass du diesen Saft mindestens einmal pro Woche trinkst.

Vorteile:

Menschen, die zwei Mal am Tag Äpfel essen, senken ihr Cholesterin um mehr als 15 Prozent. Äpfel senken womöglich auch den Blutdruck.

Zutaten:

- Äpfel - 2 mittlere 360g
- Kohl - 2 Blätter 70g
- Spinat - 2 Tassen 50g
- Limette – ½ Frucht 30g

Zubereitung:

- **Wasche alle Zutaten.**
- **Vermische sie gut und genieße dieses erfrischende Getränk.**

Gesamtsumme an Kalorien: 132

Vitamine: Vitamin A 453ug, Vitamin C 87mg, Calcium 126mg

Mineralien: Natrium 51mg, Kalium 815mg

Zucker 25g

28. Karottenschnitt

Probiere dieses Saftrezept und du wirst überrascht sein, wie lecker es ist. Und lass uns nicht all die vitalen Nährstoffe vergessen, die es verwendet. Es ist ein Muss für Menschen mit Hypertension.

Vorteile:

Pektin in Karotten senkt den Cholesterinlevel. Einige Studien haben zudem gezeigt, dass sie womöglich eine Rolle beim Senken des Blutdrucks spielen.

Zutaten:

- Äpfel - 2 mittlere 360g
- Karotten - 2 mittlere 120g
- Ingwer - ½ Daumenbreit 12g
- Gurke -1 kleine 200g

Zubereitung:

- **Wasche alle Zutaten.**
- **Vermische sie gut und genieße dieses erfrischende Getränk.**

Gesamtsumme an Kalorien: 185

Vitamine: Vitamin A 750ug, Vitamin C 25mg, Calcium 54mg

Mineralien: Natrium 48mg, Kalium 609mg

Zucker 27g

29. Pfirsich-Wunder

Es ist egal welche Tageszeit es ist, dieses Saftrezept kann zu jeder Stunde serviert werden. Probiere alle Zutaten und bereite dich vor auf einen leckeren Saft mit einem wahrhaft fantastischen Geschmack.

Vorteile:

Pfirsiche helfen dabei einen ausgeglichenen Blutdrucklevel zu bewahren und sind wahre Blutreiniger.

Zutaten:

- Karotten - 3 mittlere 130gg
- Zitrone - 1/2 Frucht 42g
- Pfirsiche - 5 mittlere 750g
- Orange- 1 mittlere 120g

Zubereitung:

- **Wasche alle Zutaten.**
- **Vermische sie gut und genieße dieses erfrischende Getränk.**

Gesamtsumme an Kalorien: 362

Vitamine: Vitamin A 520ug, Vitamin C 71mg, Calcium 215mg

Mineralien: Natrium 401mg, Kalium 3024mg

Zucker 7g

30. Süßes P

Hier kommt ein weiterer, großartig schmeckender Saft mit Süßkartoffel, der voller Vitamine und Mineralien steckt. Er ist sehr reich an Beta-Karotinen, die wichtig sind um Hypertension und Hautprobleme zu verhindern.

Vorteile:

Süßkartoffeln sind eine gute Quelle für Nährstoffe. Rote Beeten haben bewiesen, dass sie das Blut reinigen.

Zutaten:

- Äpfel - 2 mittlere 364g
- Rote Beete - 1 Knolle 82g
- Süßkartoffel - 1 Süßkartoffel, 130g
- Banane – 1 mittlere 100g

Zubereitung:

- **Wasche alle Zutaten.**
- **Vermische sie gut und genieße dieses erfrischende Getränk.**

Gesamtsumme an Kalorien: 201

Vitamine: Vitamin A 640ug, Vitamin C 16mg, Calcium 53mg

Mineralien: Natrium 420mg, Kalium 3105mg

Zucker 30g

31. Ananas-Orangen-Mischung

Eine gesunde Psyche und ein gesunder Körper sollten das Motto eines jeden Einzelnen sein. Erhöhe oder erniedrige die Menge an Ingwer und Kohl je nach Belieben.

Vorteile:

Orangen haben bewiesen, dass sie helfen, den Blutdruck zu senken. Ingwer senkt das Cholesterin.

Zutaten:

- Ingwer - 1/2 Daumenbreit 12g
- Kohl - 4 Blätter 140g
- Orange - 1 kleine 96g
- Ananas - 1 Tasse, Stücke 165g
- Gurke - 1 300g

Zubereitung:

- **Wasche alle Zutaten.**
- **Vermische sie gut und genieße dieses erfrischende Getränk.**

Gesamtsumme an Kalorien: 250

Vitamine: Vitamin A 594ug, Vitamin C 241mg, Calcium 203mg

Mineralien: Natrium 39mg, Kalium 1160mg

Zucker 40g

32. Rote-Beete-Pfirsich-Geschmack

Was ist wichtiger als deine eigene Gesundheit? Nimm dir Zeit, deinen Körper mit den richtigen Vitaminen und Nährstoffen, die er braucht und die in dieses Saftgemisch enthalten sind, zu ernähren. Beachte nicht die Farbe des Getränks, denn der Geschmack ist das, was den Unterschied ausmacht.

Vorteile:

Der hohe Gehalt an Eisen in Roter Beete regeneriert und reaktiviert die roten Blutzellen. Sie normalisieren außerdem den Blutdruck, indem sie ihn senken oder erhöhen.

Zutaten:

- Apfel - 1 mittlere 180g
- Rote Beete - 1 Knolle 82g
- Zitrone - 1/2 Frucht 29g
- Pfirsich -1 mittlere 120g

Zubereitung:

- **Wasche alle Zutaten.**
- **Vermische sie gut und genieße dieses erfrischende Getränk.**

Gesamtsumme an Kalorien: 180

Vitamine: Vitamin A 10ug, Vitamin C 101mg, Calcium 45mg

Mineralien: Natrium 44mg, Kalium 760mg

Zucker 39g

33. Spinat-Schub

Saft zu machen ist eine sehr populäre Art gesünder zu leben, aber es ist noch lange nicht so beliebt wie es in der Zukunft sein wird. Sei den anderen einen Schritt voraus, indem du dir mittels dieser Spinat-Mischung den Weg zu einem kontrollierteren Blutdruck legst.

Vorteile:

Ingwer eignet sich hervorragend zum Senken des Blutdrucks und zum Reduzieren des Krebsrisikos.

Zutaten:

- Äpfel - 1 mittlere 180g
- Karotten - 2 mittlere 120g
- Ingwer - 1/2 Daumenbreit 12g
- Limette - 1 Frucht 55g
- Spinat – 2 Handvoll 50g

Zubereitung:

- **Wasche alle Zutaten.**

- **Vermische sie gut und genieße dieses erfrischende Getränk.**

Gesamtsumme an Kalorien: 193

Vitamine: Vitamin A 1785ug, Vitamin C 98 mg, Calcium 94mg

Mineralien: Natrium 156mg, Kalium 1459mg

Zucker 33g

34. Gesundheits-Mischung

Deine eigene Gesundheit sollte mit Vorsicht behandelt werden. Einen hohen Blutdruck zu haben ist ernst und sollte regelmäßig untersucht werden. Dieser Saft ist ein guter Anfang um deinen Blutdruck stabil zu halten.

Vorteile:

Fenchelsaft zu trinken ist hilfreich für Menschen, die an Herzproblemen leiden, da er Kalium enthält. Ingwer erhöht die Blutzirkulation und bekämpft Fieber.

Zutaten:

- Äpfel - 2 mittlere 360g
- Fenchel (mit Wedel) - 1 Knolle 230g
- Ingwer - 1/2 Daumenbreit 12g
- Orange (geschält) - 1 Frucht 130g

Zubereitung:

- **Wasche alle Zutaten.**
- **Vermische sie gut und genieße dieses erfrischende Getränk.**

Gesamtsumme an Kalorien: 153

Vitamine: Vitamin A 15ug, Vitamin C 70mg, Calcium 118mg

Mineralien: Natrium 79mg, Kalium 1144mg

Zucker 31g

35. Rote-Bete-Fest

Eine gute Lösung für jedes Gesundheitsproblem besteht darin, Früchte und Gemüse zu deinen Saftrezepten hinzuzufügen. Teste die Vorteile und alle Zutaten, die du durch diesen Saft erhältst, sowie den Geschmack der Petersilie.

Vorteile:

Petersilie wurde in Tierversuchen verwendet, um die antioxidantische Kapazität des Blutes zu erhöhen. Rote Beete ist nützlich beim Reinigen der Leber und hilft der Leber, Fett zu verstoffwechseln.

Zutaten:

- Apfel - 1 mittlere 180g
- Rote Beete - ½ Knolle 40g
- Karotten - 3 mittlere 180g
- Petersilie - 1 Handvoll 40g
- Limette – ½ 30g

Zubereitung:

- **Wasche alle Zutaten.**
- **Vermische sie gut und genieße dieses erfrischende Getränk.**

Gesamtsumme an Kalorien: 119

Vitamine: Vitamin A 1174ug, Vitamin C 45mg, Calcium 121mg

Mineralien: Natrium 190mg, Kalium 1005mg

Zucker 22g

36. Ananas-Plus-Apfel-Saft

Die Kombination aus Ananas und Apfel verleiht diesem Saft einen hervorragenden Geschmack und die anderen Zutaten fügen dem Ganzen Vitaminen bei. Dieser Saft ist geeignet um den Tag zu beginnen oder zu jeder anderen Tageszeit.

Vorteile:

Ananassaft ist reich an Vitaminen und hilft womöglich den Blutdruck zu senken und außerdem das Cholesterin zu reduzieren.

Zutaten:

- Apfel - 1 mittlerer 180g
- Zitrone - 1/2 Frucht 25g
- Orange (geschält) - 1 große 180g
- Ananas - 1/4 Frucht 225g
- Gurke – 1 300g

Zubereitung:

- **Wasche alle Zutaten.**

- **Vermische sie gut und genieße dieses erfrischende Getränk.**

Gesamtsumme an Kalorien: 215

Vitamine: Vitamin A 41ug, Vitamin C 140mg, Calcium 90mg

Mineralien: Natrium 5mg, Kalium 837mg

Zucker 49g

37. Doppelter Mango-Orange

Wenn dein Körper älter wird und du nicht auf ihn achtest, werden dir verschiedene Probleme begegnen. Eines davon ist Bluthochdruck. Dieses Saftrezept wird dir helfen, deine Hypertension zu kontrollieren und andere zukünftige Gesundheits-probleme zu vermeiden.

Vorteile:

Orangen, da sie reich an Vitamin C sind, helfen die weißen Zellen zu stimulieren, damit dieses Infektionen bekämpfen können und ein natürliches Immunsystem aufbauen zu können. Mango kann helfen das Cholesterin zu reduzieren.

Zutaten:

- Apfel - 1 großer 223g
- Zitrone (geschält) - 1/2 Frucht 29g
- Mango (geschält) - 1 Frucht 336g
- Orange - 1 große 184g
- Spinat – 50g

Zubereitung:

- **Wasche alle Zutaten.**
- **Vermische sie gut und genieße dieses erfrischende Getränk.**

Gesamtsumme an Kalorien: 245

Vitamine: Vitamin A 146ug, Vitamin C 147mg, Calcium 91mg

Mineralien: Natrium 4mg, Kalium 860mg

Zucker 50g

38. Orangengenuss

Versuche dieses Saftrezept und schau, wie die Vorteile deine Art zu fühlen und zu handeln während des Tages verändern werden. Du wirst nach dem ersten Tag erkennen, dass du keinen weiteren Tag mehr darauf verzichten möchtest.

Vorteile:

Karotten vollbringen Wunder für das Immunsystem, indem sie die Produktion und die Leistung der weißen Blutzellen steigern. Orangen können den Bluthochdruck senken.

Zutaten:

- Äpfel - 2 große 400g
- Karotten - 5 mittlere 200g
- Orange - 1 große 184g
- Pfirsiche - 2 große 350g
- Banane – 1 mittlere 100g

Zubereitung:

- **Wasche alle Zutaten.**

- **Vermische sie gut und genieße dieses erfrischende Getränk.**

Gesamtsumme an Kalorien: 379

Vitamine: Vitamin A 3376ug, Vitamin C 116mg, Calcium 220mg

Mineralien: Natrium 291mg, Kalium 2521mg

Zucker 80g

39. Cranberry-Light

Dieses Saftrezept serviert man am besten am Ende des Tages, weil es deinen Körper schneller entspannen lässt, bevor du ins Bett gehst. Es wird dich außerdem mit einer Menge Vitaminen und Mineralien versorgen, die du brauche wirst um in den nächsten Tag zu starten.

Vorteile:

Cranberrys sind en hervorragender Lieferant für Vitamine und Mineralien. Sie senken den Blutdruck und verbessern die Blutzirkulation.

Zutaten:

- Äpfel - 3 mittlere 546g
- Cranberrys - ½ Tasse, ganz 50g
- Ingwer - 1/4 Daumenbreit 6g
- Orange - 1 große 184g
- Limette – ½ Frucht 25 g
- Spinat – 50g

Zubereitung:

- **Wasche alle Zutaten.**
- **Vermische sie gut und genieße dieses erfrischende Getränk.**

Gesamtsumme an Kalorien: 220

Vitamin: Vitamin A 23ug, Vitamin C 87mg, Calcium 80mg

Mineralien: Natrium 5mg, Kalium 725mg

Zucker 41g

40. Reduziere-den-Stress-Mischung

Wenn Stress dein Problem ist, solltest du sehen, welche Effekte dieses Saftrezept auf dich haben wird. Es ist wirklich großartig und du wirst dich nicht mehr so sehr um deine Gesundheit sorgen, jetzt da du einen Überfluss an Nährstoffen bekommst.

Vorteile:

Sellerie beruhigt die Nerven, weil er reich an Calcium ist und hilft, deinen Blutdruck zu kontrollieren. Roher Sellerie sollte gegessen werden, um Bluthochdruck zu senken.

Zutaten:

- Apfel – 1 mittlerer 180g
- Sellerie - 2 Stangen, große 120gg
- Zitrone (mit Schale) - 1/2 Frucht 42g
- Banane – 1 mittlere 100g

Zubereitung:

- **Wasche alle Zutaten.**

- **Vermische sie gut und genieße dieses erfrischende Getränk.**

Gesamtsumme an Kalorien:: 128

Vitamine: Vitamin A 101ug, Vitamin C 87mg, Calcium 140mg

Mineralien: Natrium 124mg, Kalium 1027mg

Zucker 19g

41. B-Sieg

Dieses Saftrezept sollte ganz oben auf deiner Liste stehen. Es hat einen hohen Anteil an Vitaminen und Mineralien. Die beste Tageszeit um ihn zu servieren ist am Morgen, weil er dir einen großen Energieschub verleiht.

Vorteile:

Rote Beeten sind reich an Kohlenhydraten, was bedeutet, dass sie ein große Quelle für sofortige Energie sind. Sie sind ein wahrer Blutreiniger.

Zutaten:

- Apfel - 1 großer 200g
- Rote Beete - 1 Knolle 170g
- Karotten - 4 mittlere 241g
- Sellerie - 1 Stange, große 60g

Zubereitung:

- **Wasche alle Zutaten.**
- **Vermische sie gut und genieße dieses erfrischende Getränk.**

Gesamtsumme an Kalorien: 155

Vitamin: Vitamin A 1292ug, Vitamin C 34mg, Calcium 175mg

Mineralien: Natrium 300mg, Kalium 1750mg

Zucker 30g

42. Doppelter-AA-Zug

Nachdem du eine Mahlzeit serviert hast, solltest du 30-60 Minuten warten, bevor du diesen Saft trinken kannst. Probiere die Zutaten aus und lies, wie man das Rezept zubereitet bevor du beginnst. Sei bereit für eine leckere und sehr gesunde Quelle an Vitaminen und Mineralien.

Vorteile:

Avocados reduzieren das Risiko einer Herzer-krankung und helfen, das Immunsystem zu stärken.

Zutaten:

- Äpfel – 1 mittlerer 150g
- Avocado - 1 Avocado 188g
- Limette - 1 Frucht 60g
- Spinat – 2 Tassen 60g

Zubereitung:

- **Wasche alle Zutaten.**
- **Vermische sie gut und genieße dieses erfrischende Getränk.**

Gesamtsumme an Kalorien: 353

Vitamine: Vitamin A 243ug, Vitamin C 47mg, Calcium 164mg

Mineralien: Natrium 152mg, Kalium 1788mg

Zucker 20g

43. Hemmungs-Saft

Wenn du damit beginnen willst, deine Hypertension auf schnell und effektive Art und Weise zu kontrollieren, dann solltest du mit diesem Saft beginnen. Er ist leicht zuzubereiten und ist eine große Quelle für Antioxidantien, die notwendig sind um alle möglichen Krankheiten zu verhindern.

Vorteile:

Einige Nährstoffe, die in Kiwis enthalten sind, wie beispielsweise Eisen, Kupfer und Vitamine können nach neuesten Studien Herzerkrankungen abmildern.

Zutaten:

- Brombeere - 1 Tasse 120g
- Kiwi - 1 Frucht 69g
- Apfel -2 große 360 g
- Limette – ½ 30 g

Zubereitung:

- **Wasche alle Zutaten.**

- **Vermische sie gut und genieße dieses erfrischende Getränk.**

Gesamtsumme an Kalorien: 183

Vitamine: Vitamin A 80ug, Vitamin C 110mg, Calcium 75mg

Mineralien: Natrium 7mg, Kalium 560mg

Zucker 30g

44. Täglicher Doppelmix

Ein gesunder Lebensstil sollte in der Tag draus bestehen, täglich Übungen zu machen und auf deine Ernährung zu achten. Darum sollte dieses Saftrezept oft und insbesondere am Morgen verwendet werden, um dir dabei zu helfen, deinen Tag mit einer großen Dosis an Beta-Karotinen zu beginnen.

Vorteile:

Sellerie und Äpfel helfen, den Bluthochdruck zu senken und sind außerdem eine exzellente Nährstoffquelle.

Zutaten:

- 2 große Karotten, 200g
- Tomaten -1 mittlere 110g
- Apfel – 1 mittlere 100g
- Sellerie -1 Stange 50g

Zubereitung:

- **Wasche alle Zutaten.**

- **Vermische sie gut und genieße dieses erfrischende Getränk.**

Gesamtsumme an Kalorien:: 163

Vitamine: Vitamin A 400µg, Vitamin C 15mg, Calcium 20mg

Mineralien: Natrium 13mg, Kalium 223 mg

Zucker 15g

45. Würzige Kartoffel

Wenn du auf der Suche nach etwas bist, das dir bei Blutdruck-Problemen hilft, solltest du dir anschauen, wie dieses Saftrezept zubereitet wird und es einmal ausprobieren. Du möchtest es vielleicht am Morgen probieren, aber du kannst es über den ganzen Tag hinweg genießen. Es sieht gut aus und schmeckt noch besser aufgrund all der süßen Zutaten, die es beinhaltet.

Vorteile:

Orangen sind eine großartige Quelle für Vitamine und helfen womöglich auch den Blutdruck zu reduzieren.

Zutaten:

- Äpfel – 2, 360g
- Sellerie - 1 Stange 65g
- Orange (geschält) - 125g
- Süßkartoffel - 120g
- Banane – 1 mittlere 100g

Zubereitung:

- **Wasche alle Zutaten.**
- **Vermische sie gut und genieße dieses erfrischende Getränk.**

Gesamtsumme an Kalorien: 330

Vitamine: Vitamin A 690µg, Vitamin C 75mg, Calcium 150mg

Mineralien: Natrium 76mg, Kalium 349mg

Zucker 55g

46. Energie-Kick

Es gibt jede Menge Saftrezepte, die positive Auswirkungen auf deine Gesundheit haben, aber dieses hier ist speziell für Hypertension geeignet. Du kannst die Limette weglassen, wenn du denkst, der Geschmack ist zu intensiv für deinen Gaumen.

Vorteile:

Karotten verbessern die Leistung der weißen Blutzellen und helfen, überschüssige Flüssigkeit aus dem Körper auszuscheiden. Der Blutdruck wird ebenfalls durch sie reduziert.

Zutaten:

- Karotten - 2 mittlerer 120g
- Sellerie - 1 Stange 50g
- Tomaten - 2 mittlere, ganz 220g
- Banane – 1 mittlere 100g
- Limette – ½ 25g

Zubereitung:

- **Wasche alle Zutaten.**
- **Vermische sie gut und genieße dieses erfrischende Getränk.**

Gesamtsumme an Kalorien:: 85

Vitamine: Vitamin A 900µg, Vitamin C 140mg, Calcium 197mg

Mineralien: Natrium 24mg, Kalium 268mg

Zucker 14g

47. Maximaler Stärke-Mix

Dieses Saftrezept eignet sich hervorragend um es am Morgen zu servieren aufgrund des intensiven Geschmacks, den es hat, und der wundervollen Effekte, die es während des gesamten Tages auf deinen Körper haben wird. Du kannst die Mengen erhöhen oder erniedrigen ganz nach deinen Bedürfnissen und Wünschen.

Vorteile:

Äpfel sind eine hervorragende Quelle für Vitamine und sie sind außerdem bekannt dafür, Bluthochdruck zu senken und für ihren hohen Gehalt an Nährstoffen.

Zutaten:

- Äpfel -1 großer – 120g
- Ingwer - 45g
- Grapefruit (geschält) - 300g

Zubereitung:

- **Wasche alle Zutaten.**

- **Vermische sie gut und genieße dieses erfrischende Getränk.**

Gesamtsumme an Kalorien: 220

Vitamine: Vitamin A 123µg, Vitamin C 200mg, Calcium 139mg

Mineralien: Natrium 9mg, Kalium 220mg

Zucker 42g

48. Erdbeerschub-Mischung

Dieser Saft ist sehr reich an Vitamin C aufgrund der Erdbeeren, die er enthält, sowie der Zitrone. Die Karotten fügen den Nutzen, die dieses wundervolle Getränk hat, Beta-Karotine bei

Vorteile:

Erdbeeren helfen, die Todesrate von Krebs zu senken und sie bekannt dafür, das Risiko einer Herzerkrankung zu mindern.

Zutaten:

- Apfel – 1 großer 120g
- Zitrone - 1/2 Frucht 32g
- Erdbeeren - 2 Tassen 230g
- Karotten - 1 kleine 50g

Zubereitung:

- **Wasche alle Zutaten.**
- **Vermische sie gut und genieße dieses erfrischende Getränk.**

Gesamtsumme an Kalorien: 190

Vitamine: Vitamin A 11µg, Vitamin C 185mg, Calcium 68mg

Mineralien: Natrium 4mg, Kalium 850mg

Zucker 40g

49. Extra-Energie-Saft

Wir wissen alle, wie gesund Gemüse und Früchte für unseren Körper sind. Darum solltest du damit beginnen, Säfte zu trinken, die eine hohe Vielfalt an ihnen aufweisen und noch dazu großartig schmecken. Dies ist ein ungewöhnliches Getränk und kann modifiziert werden, wenn es dir eine der Zutaten nicht gefällt, weil sie doch einen starken Geschmack haben.

Vorteile:

Studien haben gezeigt, dass Cranberrys den Blutdruck womöglich senken können und deinem Immunsystem neuen Schwung verleihen.

Zutaten:

- Rosenkohl – 1 Sprosse 17g
- Gurke -1, 300g
- Ananas – ¼ 220g
- Spinat – 2 Handvoll 50g
- Cranberrys – 2 Tassen 190g

Zubereitung:

- **Wasche alle Zutaten.**
- **Vermische sie gut und genieße dieses erfrischende Getränk.**

Gesamtsumme an Kalorien: 150

Vitamine: Vitamin A 410µg, Vitamin C 204mg, Calcium 209mg

Mineralien: Natrium 79mg, Kalium 470mg

Zucker 34g

50. BOAP-Saft

Wenn du einen zeitlich begrenzten Lebensstil und volle Tage hast, ist das keine Entschuldigung dafür, sich nicht auf die Kontrolle deines Bluthochdrucks zu konzentrieren. Stell also sicher, dass du das machst, was notwendig ist um dir deinen Weg zu einer besseren Gesundheit auf einer konstanten Basis zu trinken.

Vorteile:

Orangen, da sie reich an Vitamin C sind, reduzieren das Risiko von Herzerkrankungen und senken womöglich den Blutdruck.

Zutaten:

- Apfel - 1 mittlerer 180g
- Orangen - 2 große 365g
- Pfirsiche - 2 mittlere 300g
- Banane – 1 mittlere 120g

Zubereitung:

- **Wasche alle Zutaten.**

- **Vermische sie gut und genieße dieses erfrischende Getränk.**

Gesamtsumme an Kalorien: 940

Vitamine: Vitamin A 50µg, Vitamin C 110mg, Calcium 100mg

Mineralien: Natrium 30mg, Kalium 120mg

Zucker 40g

ANDERE GROSSARTIGE WERKE DES AUTORS

Fortgeschrittenes Training zur mentalen Stärke für Gewichtheber:

Verwende Visualisierungen um dein wahres Potential auszuschöpfen

Von

Joseph Correa

Zertifizierter Meditationslehrer

Steigere deine mentale Stärke im Bodybuilding durch Meditation:

Erreiche dein Potential durch Gedankenkontrolle

Von

Joseph Correa

Zertifizierter Meditationslehrer

www.ingramcontent.com/pod-product-compliance
Lightning Source LLC
Chambersburg PA
CBHW070138080526
44586CB00015B/1741